Caminando hacia la dere...

Ups, digo, hacia la izquierda

Por: Cristóbal A. Almendárez O.

Dedicatoria

Dedicado a todos los que aún creen en pajaritos preñados.

"No hay bolsillo del que se saque y no se meta, en el que el dinero no se acabe."

Nuestro amigo Edgar Velásquez

En una conversación fortuita, Q.E.P.D

... somos nosotros los que colocamos el dinero en las arcas del estado.

EL AUTOPROCLAMADO

¿Sabías que el prefijo "auto" es un descalificativo para nuestra sociedad?

El prefijo auto significa: por sí mismo. Así que toda palabra que le sigue se leería: por sí mismo <u>bla-bla-bla</u>. Existen muchas palabras a las que se le puede añadir este prefijo y no tener un valor descalificativo, entonces:

¿De dónde viene lo de "descalificativo"?

¿Has oído hablar de los libros de autoayuda? Cuando estas en problemas y crees que no puedes salir por ti mismo, que vengan y te den un libro para que te ayudes tú mismo es decepcionante, tú quieres ayuda, no leer un libro.

Aunque probablemente estas en donde estas porque no leíste un libro cuando debiste haberlo hecho. Un ejemplo seria cuando recibes una maquina desarmada y empiezas a armarla sin leer el manual que la acompaña, sí, sé que son aburridos, pero, en ocasiones, puede que sea útil el saber dónde va qué cosa antes de empezar.

Esa decepción que se siente al tener que resolver tus problemas por ti mismo, es la misma que sienten las personas responsables, en las editoriales, de clasificar libros que prometen ayudar sin ayudar en verdad. Es por eso por lo que muchos libros son clasificados como de "autoayuda" aunque hablen de cómo hacer un mejor uso de los recursos financieros en el hogar, un tema de economía, en esta categoría entran todos los libros de Robert Kiyosaki, en todos habla de administrar y gerenciar diversos tipos de negocios. Aun así, todos son de autoayuda.

Todo lo que un editor sabe de esos libros, que probablemente no han leído, es que las personas tienen una remota posibilidad de mejorar sus vidas sin ayuda de otros. Y con esa información, los meten en estantes en la categoría de autoayuda, el grueso de la población ha descartado esa categoría como una opción válida para resolver sus problemas, sobretodo en política.

Por eso cuando un libro es etiquetado como de autoayuda es de inmediato descalificado por las masas y considerado como información inútil. Muchos puede que lo sean, pero en todas las categorías de libros existen textos que no merecen ser leídos, y otros que por ser leídos causan grandes estragos durante generaciones y siempre encuentras a una nueva generación dispuestas a leerlos como si fuesen escritos ayer mismo.

De ahí viene el descalificativo para toda palabra, sobre todo nueva, que sea precedida por el prefijo: AUTO. Como es el caso de "autoproclamado".

Sinceramente, se sinceró ¿Crees que alguien puede autoproclamarse?

— Yo me autoproclamo presidente de El Salvador…

¿Tiene lógica, para ti, que eso sea posible?

No, nadie puede autoproclamarse ni tan siquiera presidente de la junta de vecinos, como hizo Sheldon Cooper en *The Big Bang Theory*. Sheldon utilizó a su favor la apatía de sus vecinos para imponer su voluntad sobre la mayoría. Cualquier semejanza con la realidad es pura coincidencia.

Entonces, ¿Por qué muchos periodistas la usan continuamente?

Ya lo dije, para descalificar. Según nuestras ideologías (más adelante lo explico) creemos que los periodistas dicen la verdad en forma intrínseca, o sea, no mienten, porque no tienen motivo para hacerlo.

Desde que se calificó a la prensa libre e independiente como el "cuarto poder", la misma, dejo de ser libre e independiente. Cada reportero independientemente de las líneas editoriales, tiene su propia visión del mundo y sus propios intereses personales como cualquier otro ser vivo que camina en nuestro mundo.

Bajo la premisa de su "independencia" muchos, no todos, filtran sus opiniones personales como si de noticia veraz e independiente se tratase. Y otros tantos llegan aún más lejos con sus ambiciones y carácter inescrupuloso. Por ese motivo notamos, cada día más, como es más evidente este hecho.

De hecho, el presidente de El Salvador, Nayib Bukele, donde vivo y ejerzo mis plenos derechos políticos, bajo la premisa de la parcialidad, ha creado nuevos medios de comunicación para informar a los ciudadanos con noticia "veraz".

Pero ¿Bajo qué criterios pueden saber si son veraces, cuando han sido creados para combatir la información que viene de otros medios?

Es una decisión unilateral de cada ciudadano, por ese motivo esta es la era de la desinformación, porque es más fácil desinformar al ciudadano para que no sea capaz de accionar en bloque, como pueblo, contra dirigentes que afecten la estabilidad de una nación. En la era de la desinformación, el que logra imponer su voluntad es aquel que logra acallar las voces de quienes le oponen.

En ese sentido, usar la palabra "autoproclamado", tiene el propósito de deslegitimar, dar por sentado ante la audiencia de que ese reclamo, en una nación cualquiera, por el derecho a administrar el poder, es ilegitimo. Un periodista que usa el término deja de ser un espectador imparcial y se vuelve parte activa del problema. Al deslegitimar a uno, legitima al otro. En el caso de periodistas extranjeros estamos ante una evidente intervención extranjera en los asuntos de la nación de la cual se hable.

En el caso de Venezuela, con Juan Guaidó, el objetivo de esos periodistas son evidentes, apoyar a Maduro, por motivos desconocidos, y deslegitimar a Guaidó en la psiquis de sus escuchas o televidentes.

Pero eso no termina ahí, los medios dejaron de ser imparciales políticamente y, ahora, son extensiones de cada partido político. Sí quieres hacer carrera política, empieza por fundar un medio periodístico, esa es la premisa en la actualidad.

El mito del cuarto poder ha jugado en nuestra contra, nosotros los ciudadanos, en la mayoría de los casos, pecamos por estar ideologizados, pero algunos lo hacen con intención y malicia.

¿Qué podemos hacer?

Sería bueno no dar por sentada la neutralidad y veracidad de todo aquello que crees o te dicen en la televisión o cualquier otro medio, incluyendo esta disertación. También, sería prudente checar en varios medios para contrastar la información que circula, si varias fuentes coinciden en la información que comparten, es porque tal vez la noticia que has recibido es probable, nota que no dije que es la verdad, solo que es probable.

Ahora, vamos a continuar con la disertación, al final espero que comprendas mejor a donde quiero llegar.

Además, como ciudadano debes participar más de la "cosa" pública y depender menos de lo que te dicen los partidos políticos y los medios de comunicación.

¿Cómo podemos ejercer nuestro derecho ciudadano a la participación política en una sociedad acostumbrada a delegar ese derecho en representantes políticos comprometidos a los intereses de partidos políticos que cada día demandan más poder y más sumisión (los políticos y los partidos políticos) de parte de los ciudadanos?

Empecemos por leer mi disertación, luego, podríamos leer tus ideas…

Más que una Línea

Esta es una línea:

Bueno, es la representación gráfica de una línea dibujada por mi persona, a pulso, sobre una hoja de papel. En ese sentido, esta también es una línea:

En este caso la representación gráfica fue realizada con la asistencia de una herramienta, una regla. En ambos casos, debo añadir, se utilizó un bolígrafo o lapicero.

En esta ocasión he utilizado la computadora y el teclado, a través de los botones *shift* y guion para representar la línea.

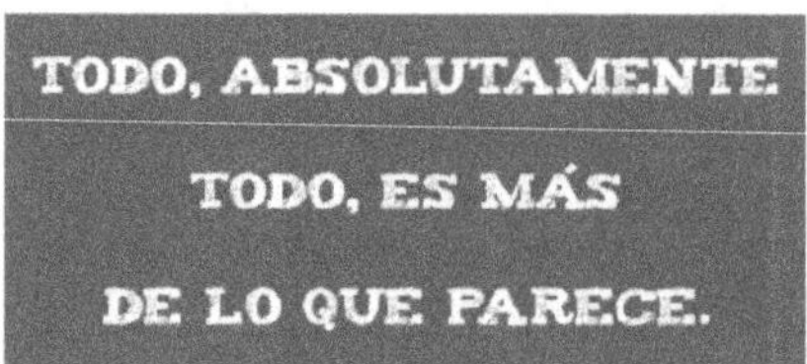

Tengan paciencia, tengo un punto, empecemos por decir que todo es más de lo que parece, pero más importante: Se puede decir mucho más sobre todo aquello que nos rodea de lo que usualmente solemos decir.

Una línea es solo una línea hasta que le damos un valor, un significado. En matemáticas, cuando una línea se le da un valor, dirección y sentido, se le llama vector.

Un vector se puede mover hacia arriba o abajo, a la izquierda o a la derecha. Puede estar limitado a un eje de una dimensión, de dos dimensiones o de tres dimensiones.

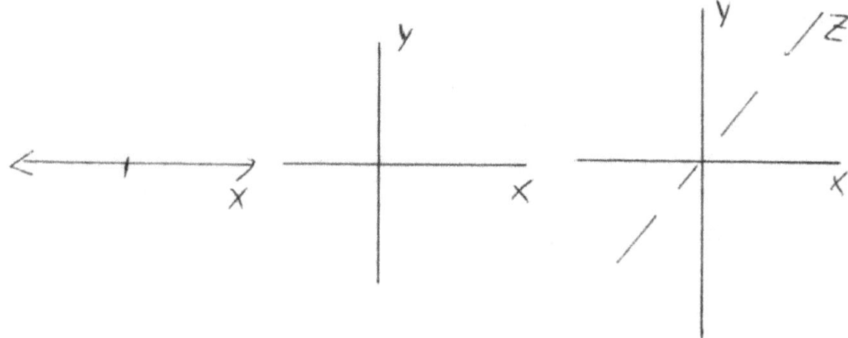

Esto es muy importante y volveremos sobre ello más adelante, por ahora sería bueno que tomará conciencia sobre el trabajo en tres dimensiones pues eso nos será de utilidad para lo que he de explicarles.

Esto es un cuadro, paciencia, ya vamos a llegar al punto.

Podemos decir que un cuadro es la unión de cuatro líneas, podemos decir que es un cuadrado cuando dichas líneas son paralelas y de igual dimensión en sus cuatro lados, Y un rectángulo cuando dos de sus lados son de igual dimensión, pero diferente de los otros dos.

La forma de un rectángulo también suele ser la forma básica de representar la mayoría de los hogares en las casas. Muchos diseños parten de esta forma básica.

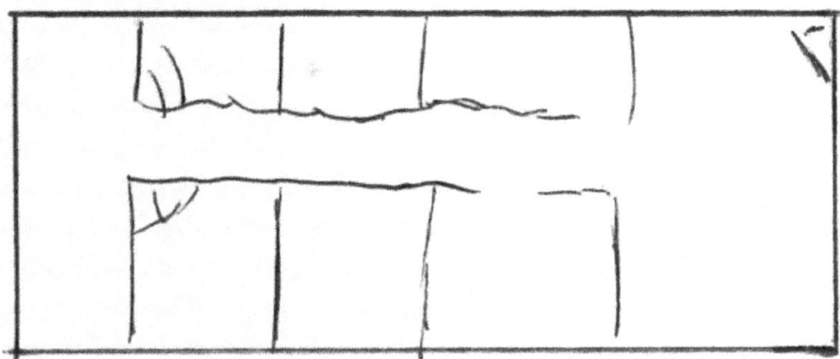

Este último rectángulo bien puede representar una casa, pero de hecho solo es un esquema o croquis de la estructura base de una casa. Ahora, entremos en materia.

La Gran Misión Vivienda

Yo nací en El Salvador, de padres salvadoreños, pero me crie, desde los diez, en Venezuela, hasta los cuarenta y cuatro que hui, lo acepto, hui de lo que estaba experimentando y de lo que es mi experiencia personal y real de la revolución Bolivariana.

A mí no me lo contaron, no lo vi en CNN, tampoco fui de turista auspiciado por el estado, como lo han hecho muchos que pondrán en duda la veracidad de las partes de este libro que critiquen al "*Daddy*" venezolano.

Debo agregar que si lo fui en Cuba, un turista con propósito, estuve en la escuela de formación de líderes campesinos de la

ANAP. Es menester decir, también, que es una bella tierra de gente luchadora. Y además, para todos es sabido que a los maduros se les dice *Daddys*, termino *millennial* que estaré usando con exagerada malicia en las páginas venideras.

Cada país, y cada generación, tienen sus propias idiosincrasias. En Venezuela, y para mi generación, una más, una menos, el ser "maduro" (*Daddy*) y "obrero" era lo mismo que decir platudo, o pistudo para los salvadoreños, y despilfarrador. Es una "ideología" socio cultural venezolana que proviene de la era del *boom* petrolero.

La palabra "IDEOLOGÍA" va a ser motivo de debate más adelante, por lo pronto diré que una ideología es una "idea" compartida por un conglomerado significativo de ciudadanos y, además, aunque sea compartida por "muchos" ciudadanos, no hace a la "idea" un teorema comprobado o comprobable.

Sé que no me lo vas a creer, pero en Venezuela no ha habido un gobierno de lo que tú entiendes como de derecha desde Marcos Pérez Jiménez, sujeto al cual nunca conocí, más que en libros de historia. Eso deja a Venezuela en manos de la "izquierda" desde hace más de 60 años, pero no en manos de un único partido durante todo ese tiempo, el gobierno del *Daddy*, lleva más de veinte años, incluyendo los años del *daddy* del actual *daddy*, o sea, Chávez.

El *boom* del petróleo y su respectiva nacionalización, bonanza y caída, han sido, en Venezuela, obra de lo que tú conoces como "la izquierda". Sin embargo, en estos momentos estamos hablando de los, actuales, "*daddys*" venezolanos. Como sabes, el centro del discurso económico dentro del modelo político-partidista "izquierda Vs. derecha" se centra en dos ideas generalizadas:

- ✓ "La ideología general de izquierda": obrero explotado - patrón explotador.
- ✓ "La ideología general de derecha": macroempresa generadora de empleos – desempleo y recesión.

Les he dicho "ideología general" porque cada grupo político partidista tiene su propia cadena de pensamientos ideológicos y todos juran y perjuran que la de ellos es la respuesta para acabar con la pobreza… La de ellos, al menos, y la evidencia empírica nos empuja a esta idea "generalizada", pero, sin evidencia, esto no es más que otra ideología dispersa entre nosotros, los ciudadanos.

Todos sabemos que el petróleo deja montañas de dinero, en Venezuela, esas montañas permitieron al estado compensar con sueldos internacionales a todos los obreros que estaban contratados en empresas del estado, incluidas gremiales como médicos, enfermeras y maestros, pudiendo variar el tipo de sueldo internacional al que se use como referencia. Sin embargo, los que resultaron más beneficiados fueron los empleados de las empresas básicas en el estado Bolívar y, obviamente, los de la industria petrolera.

Obrero era sinónimo de RICO. En Venezuela, en aquellos días, le decías a alguien que eras gerente de banco y te miraban como:

— ¿Y qué? gran cosa.

Decías que eras obrero y hasta los varones heterosexuales buscaban hacerse amigo tuyo. Los jóvenes presentaban a sus amigas, entre comillas, y los trabajadores el dinero para la rumba. En fin, vas agarrando el hilo. No te cuento de cómo me he enterado de esto porque… bueno si, fui obrero, pero no de empresa básica, y las personas con las que me vi rodeado, en su momento, me mostraron sin querer como se movía el maní por esos días.

A mí no me toma por sorpresa que el presidente *"daddy"*, obrero y sindicalista de Miraflores sea un derrochador, el *daddy* del *daddy*, también lo fue, pero en su tiempo, y tal vez debido a la bonanza del petróleo, que fue harta, muchas "cosas" empezaron a moverse ocultando lo que nos deparaba el futuro.

Si, lo sé, ya parezco Chávez, el *daddy* del *daddy*, por si no te habías dado por enterado.

Quedamos en que, en su momento, un grupo de mozalbet@s... hago una parada para decir que soy de los que les gusto el invento de usar el @ para escribir menos cuando debíamos hacer la diferenciación de género al escribir, continuemos: ...mozalbetes y mozalbetas, perdón damiselas, querían que financiara sus "rumbas" porque creían que me llovía el dinero, por ser obrero. Aclaro que no es el grupo que algún lector está pensando, esos eran panas y sabían que estaba quebrado, alguna que otra rumba la organizaron ellos, pero esa es otra historia, aunque no soy amigo de los tumultos.

Para ser *daddy*, no solo es necesario tener mucho pisto, también es indispensable el gastarlo a lo menso. Y en ese sentido, sobran muchos mensos en la política.

Chávez, en mi opinión, empezó con el plan de las quinientas mil casas cuando se dio cuenta de que había gastado demasiado dinero en impresionar a demasiada gente y ninguno de los proyectos bandera que inicio tenía la posibilidad real de ser concluidos con éxito.

— ¿Cómo salgo de este enrollo? — Me imagino, yo, que él dijo— ¡ah! ¡Ya sé! Voy a poner a todos a hacer casas para que vean que sí hemos hecho algo y no vean el despilfarro en que hemos incurrido.

Sé que mi imaginación es pérfida, pero estoy seguro de que más de uno lleva su imaginación mucho más lejos. Por cierto, a esta la llamo: la solución Alf, el extraterrestre.

En una ocasión, Willy, que era el padre de la familia que refugio a Alf, debatía de política con nuestro amigo extraterrestre. Esté, le decía que resolver los problemas sociales era fácil. Esa noche Willy tuvo un sueño donde Alf era presidente de Estados Unidos y había solucionado los problemas sociales, ¿Cómo? Resolvió el problema de vivienda mandando a construir casas, y el desempleo contratando personas para que las construyeran. No resolvió los problemas, solo postergo su solución a la llegada de los siguientes presidentes.

A decir verdad, eso es lo que hacen nuestros gobernantes, contraen deudas para iniciar obras y dejar un legado, como los faraones de antaño. Y como lo hicieron los egipcios entonces, lo hacemos ahora nosotros. Evaluamos un gobierno basados en lo que gastan en obras sin pensar si esas obras son necesarias o van a resolver lo que se espera que resuelvan, o tan siquiera de donde se han sacado los recursos y como se repondrán.

En fin, a lo que iba, fui facilitador del proceso de aprendizaje para la Misión Rivas, en mi comunidad, muchos de los estudiantes no tenían como propósito el buscar empleos en la fuerza laboral, como se esperaría de los jóvenes que se gradúan del bachillerato, por el contrario, muchos solo querían cumplir con el sueño de verse titulados de bachiller.

Un gran logro, equivalente a graduarse de la universidad para los *millennials*, hoy en día. Ser un ejemplo para sus hijos y, algunos otros, una mejora salarial u otro propósito.

En esos días no tenía trabajo, soy del grupo al que le cuesta adaptarse a los regímenes fijos de la fuerza laboral, soy flojo, como habitualmente asevera mi madre. Al terminar, mi asistencia como facilitador, me fue indispensable conseguir un empleo, trabaje en una chatarrera y luego en una" bloquera".

La gran misión vivienda comenzó con la campaña de las quinientas mil casas cuando, yo, ya tenía cerca de un año de haber empezado a trabajar en la "bloquera", que es en donde se fabrican bloques de cemento para la construcción, por si en tu país reciben otro nombre. Así que puedo decir con propiedad que viví el proceso de la construcción de esas primeras casas, que fueron obra de Chávez, desde la primera fila.

El hecho al que quiero hacer referencia en estos momentos, no tiene que ver con que dos años después, de que comenzara esa misión, la empresa en la que trabajaba estaba prácticamente cerrada y, con su cierre, se perdieron quince puestos de empleo, la razón fue que pasamos de recibir una gandola (rastras o tráileres en tu país) de cemento a la semana, a veces más, a recibir cinco al año, esto para el momento en que pude abordar un avión y migrar a mí país natal, El Salvador. Cabe señalar que los dueños de la "bloquera" migraron a Chile, antes de que pudiera hacer mi propio viaje.

En fin, uno de los estudiantes de misión Rivas a los que tuve la oportunidad de ayudar, se acercó a mi casa un día a pedirme ayuda por un problema en una de las casas que estaban en construcción cerca de donde vivíamos.

Con él viví muchas experiencias laborales, educativas y sociales. Me uní con él a una ONG de derechos humanos y juntos estuvimos en el consejo comunal de nuestra comunidad. No terminamos en buena lid, pero si algo he de decir es que es un buen maestro albañil.

Uno de los consejos comunales, de una de las comunidades que pudieron tramitar las casas de la gran misión vivienda, lo contacto para construir las mismas, pero el no acepto porque no iban a pagar lo que el sector construcción tenía en sus tabuladores para el trabajo que le pedían que hiciera.

De esto me entere porque nosotros, la "bloquera" donde trabajaba, surtimos parte de los bloques de construcción que se usaron en esas casas, el dueño logró ese negocio gracias a la esperanza de que ellos nos iban a facilitar la tramitación del cemento para la elaboración de esos bloques.

Después de levantadas las casas, fue necesario trabajar en los remates de las obras. En esa oportunidad, mi vecino, si llego a un acuerdo para trabajar en ellas. Y ahí fue donde me busco.

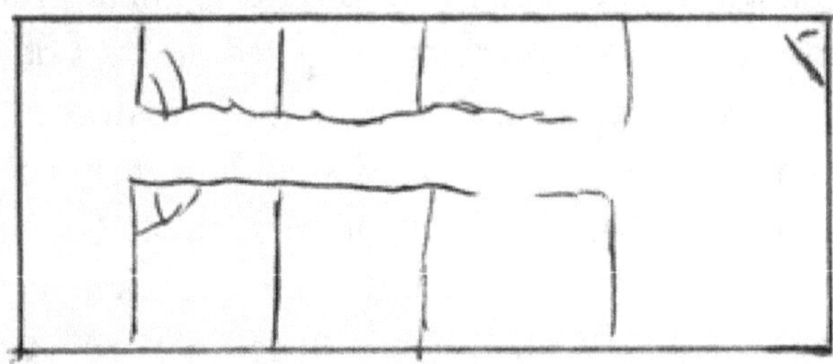

Recuerdas que dijimos que esta imagen era un croquis, burdo, pero un croquis al fin. Todos los planos de construcción de casas tienen en la primera hoja después de los créditos iniciales un croquis bien elaborado de la obra en cuestión.

Después de la cual le suceden una serie de planos componentes de la obra: aguas negras, aguas blancas, cimientos, etc.

A mi amigo, le toco colocar las aguas blancas y negras, pero cuando tomo las medias para colocar las respectivas partes, las dimensiones de la casa no cuadraban con lo que decían los planos.

¿Cuál es la dimensión de tu habitación? Vamos, te invito a que la midas. Es probable que tú tengas la idea de que tu cuarto es de tres por tres metros o de cuatro por cuatro metros, pueda que hasta más grande. Pero ¿de verdad lo mide?

Cuando hablamos de esta línea, en términos de construcción, tenemos que entender que se trata de una pared y la misma ocupa un espacio que debe ser tomado en cuenta. Los ciudadanos que construyeron la casa, desafortunadamente, no sabían leer planos de construcción. Un bloque de construcción mide quince centímetros de ancho por cuarenta de largo con una que otra variación según el molde.

Lo que creo que ocurrió, es que vieron el croquis y en él decía las dimensiones generales de la casa. Ancho total diez metros (por ejemplo), largo total (quince metros), habitaciones tres por tres y así.

Cuando las paredes se levantaron las casas quedaron quince centímetros más pequeñas, por cada lado externo de la casa, quedaron mucho más pequeñas. Obviamente, estaban contentos porque les sobraron materiales. Pero, la cocina y el baño, quedaron extremadamente pequeños. De esos en que no se cierran las puertas.

No son las únicas casas con ese problema, en una ocasión visite a un amigo en las mil doscientas, un complejo habitacional muy criticado, y en el que se le atribuyen muchos actos de corrupción a quien fuera el gobernador del estado Bolívar, Rangel Gómez, se cree que costaron tres veces el presupuesto original y, al final, Chávez las tomó para concluirlas con la gran misión vivienda. Ciudadanos conocidos, me dicen que fueron testigos de cómo Chávez gritó en la calle a Rangel por pedir más dinero para esas mismas casas y otras obras prometidas por el gobernador.

La puerta del baño, de la casa en las mil doscientas, chocaba con el asiento del inodoro. E incluso, el sentarse era un desafío para cualquiera con unos kilos extras.

¿Crees que es lo único que ha salido mal?

A mis oídos llego un rumor, mucho tiempo antes de que lo que te estoy contando pasara, decían que las turbinas de casa de máquinas de una de las represas que estaba por terminar en esos días, en el Estado Bolívar, no "cuadraba". Así que había que demoler casa de máquinas y hacerla de nuevo, creo que era Tocoma, tomando en cuenta lo que costo, casi el doble, sino más, de lo presupuestado y con varios años de retrasos en las obras. Me inclino a pensar que estos rumores fueron ciertos.

En resumen, muchos estudiantes critican el modelo educativo porque consideran que está lleno de datos superfluos que no ayudan en nada al estudiante en su vida futura, me incluyo entre ellos. Aun así, la educación existente si es necesaria, pues si incluye conocimientos que son indispensables para el éxito de tus planes futuros.

El problema de la educación tradicional actual, es la falta de propósito del estudiante. Van a las escuelas y universidades por un título, pero sin un propósito.

¿Para qué estás aprendiendo lo que estás aprendiendo?

¿Recuerdas aquello de los vectores, la dirección y el sentido? La información toma sentido cuando sabes para que la necesitas.

Estoy seguro de que, a estas alturas, aún no entiendes mi punto, procedo a explicarlo una última vez.

Supongamos que quieres construir una habitación para un local, y lo quieres de tres metros por tres metros, porque ya tienes el mobiliario que se va a utilizar y ese es el espacio que requieres. Pero, como tú eres un hombre de negocios muy astuto, en lugar de contratar a un albañil acreditado, contratas a su ayudante por la mitad del precio.

El ayudante de albañil conoce todos los procedimientos para la construcción, pero tiene un defecto crítico, no sabe leer planos. Tú, como solo necesitas un cuarto de tres por tres metros, no consideras que esa información sea vital. Aquí es donde les explico que como no tenemos un propósito claro, no somos capaces de discernir entre un conocimiento que nos será útil para alcanzar nuestras metas y otro que solo nos permitirá vivir.

Un amigo de mi padre, contó en una ocasión de cómo fue su primer ascenso. Él, empezó a trabajar en una empresa que transportaba un material, que no recuerdo cuál era, en camiones volteo. Como obrero, su trabajo era llenar el camión sin maquinaria, a fuerza bruta con otros compañeros. Un día, el conductor del volteo se reportó enfermo y ya era momento de empezar la faena, el caporal les preguntó a todos, si alguno sabía operar el camión.

Él fue el único que levanto la mano y el trabajo fue suyo, mientras sus compañeros llenaban el camión. Los demás tuvieron que cargar con la ausencia del conductor. La compañía lo asignó como conductor suplente y así, trabajo con menos esfuerzo físico y mejor paga.

Volvamos con nuestro ayudante, él sabe todo lo que tiene que hacer para construir esa habitación, menos leer un plano. Mide sus tres metros y levanta el local. Todo queda perfecto y con buen acabado, y hasta sobraron materiales, solo que cuando metieron los muebles del local, que te recuerdo estaban para una habitación de tres por tres metros, no entraron.

¿Por qué? Porque nuestro amigo ayudante levantó las paredes dentro del perímetro de los tres metros de la habitación.

La línea verde representa la forma en que debió, nuestro amigo, pegar los bloques. La línea roja, la forma en que lo hizo.

No sé en otros países, pero en Venezuela se ha hecho común llegar a casas y ver que los baños son extremadamente pequeños, por lo general ahí es donde los horrores de la falta de mano de obra calificada, al menos en la construcción, saltan a la vista de todos los que llegan a usarlos.

Imagina, ¿Cómo afectaría a las obras del estado el empleo de mano de obra subcalificada para ahorrar gastos?

En Japón apareció un sumidero en medio de edificios inmensos y en tiempo récord se reparó.

¿Fue por qué tienen harta lana (pisto, rial)? O fue porque tienen personal calificado, aparte de la maquinaria y los recursos, por supuesto. Mucho de lo que ocurre en Venezuela, en materia de obras inconclusas o fallidas, es por la falta de personal capaz, sin quitarle méritos a la misteriosa forma en que el dinero se desaparece en cuanto llega a las manos de los patrióticos líderes del PSUV (sarcasmo).

La Meritocracia

En Venezuela, con la llegada del chavismo, comenzó un debate en torno a la meritocracia. Debate que se extendió por toda América. Desde donde yo lo veo, te piden elegir entre tres alternativas ideológicas:

- ✓ El mérito de hacer un buen trabajo
- ✓ El mérito de llenar de alabanzas a tu jefe, o
- ✓ El mérito de jurarle fidelidad ciega al partido de gobierno.

Todos, absolutamente todos los políticos que hablan en contra de la meritocracia, lo hacen desde el criterio de que sus rivales políticos ascienden al personal con base en su fidelidad al partido. Fidelidad ciega al partido de gobierno. También, es la excusa bajo la cual despiden personal capacitado, o no, para contratar personal nuevo, disque más eficiente.

Ahora, es posible que entiendas el porqué en Latinoamérica la administración pública es tan deficiente. ¿Cómo sabemos, tú y yo, quien dice la verdad? No lo sabemos.

En estos momentos, en El Salvador, estamos en plena campaña de alcaldes y diputados. La campaña se centra en señalar la culpabilidad del rival por corrupción o incompetencia. Al final, todo se definirá en función de a quien le creen los votantes, pero, en donde se lleven a cabo cambios de gobierno, muchas personas van a perder sus fuentes de ingresos para que otras las obtengan.

Puede ser de inmediato, o a través de un proceso largo y cruento. ¿Van a mejorar las "cosas"? La evidencia empírica e histórica nos dice que no, de hecho, probablemente empeore. Sin importar quienes sean los ganadores, en donde quiera que se siembre odio, no se logra una cosecha de amor. En la política *millennial*, el sembrar odio es la base del éxito. Otro legado de las políticas de Chávez.

Mientras en la mayoría del continente este fenómeno ha afectado, solo, a la institucionalidad de los países. En Venezuela fue catastrófico, pues las empresas básicas, petróleo, aluminio y hierro, entre otros, están bajo el control del estado y con un centenar de reformas constitucionales pudieron mandar a la calle a todo aquel personal que no fuese fiel al partido, a ultranza, eso significa:

- partido por encima de empresa. Si, como en divergente, facción por sobre familia.

Te voy a contar otra historia, en esta ocasión el protagonista es un amigo que es maestro en construcción. Él me contó que trabajaba para una cooperativa que tenía un contrato, dentro del proyecto de la Gran Misión Vivienda. Relato varios episodios que son "para no creer", citándolo.

El primero de estos episodios que les he de narrar, fue con compañeros que también construían casas junto a mi amigo, pero estaban contratados y en nómina de la gobernación. Él comentaba que ellos decían que la cooperativa los explotaba porque ellos ganaban tres veces más y trabajaban dos veces más lento. Para la mentalidad de mi amigo, el que sus colegas ganaran más no era un problema, el problema es que trabajaban a paso de morrocoy, como tortugas.

Aquí tienes un ejemplo de lo que genera, en la psiquis de la mayoría de los obreros, el que un obrero le brinde al estado su fidelidad a ultranza. El obrero se empodera y cree que su apoyo intrínseco, al estado, le autoriza a realizar un trabajo negligente porque es "SU DERECHO".

Mi amigo me cuenta que trabajaba bajo las órdenes de una ingeniera, y tengo amigas y amigos que son tremendos profesionales así que no se sientan aludidos, graduada, supuestamente, de la Universidad de Oriente, para que tampoco digan después que era de la universidad de Chávez.

El problema con la ciudadana profesional era que no sabía la diferencia entre los distintos tipos de materiales de construcción. Le enviaba a la obra arena de rio, como se conoce coloquialmente, cuando necesitaban arena de mina, o tierra para relleno cuando necesitaban arena de mina.

Una de las razones por las cuales las empresas privadas piden años de experiencia es porque a muchos recién graduados les ocurre que han cursado estudios por el deseo de obtener el título y no por el anhelo de obtener los conocimientos.

Eso implica que, como recién graduado, debes esforzarte en demostrar que tú no eres como los demás, que no esperas que por tener el título te nombren gerente de una empresa sin nunca haber trabajado en tu vida.

Cuando hablamos de meritocracia, siempre, siempre existe y existirá una norma o una escala de valoración basada en méritos la cual permite ascender en el sistema.

¿La meritocracia es mala?

Solo cuando no te permite el ascenso de los tuyos… sean estos eficientes y capaces en sus labores o no.

CAMINANDO HACIA LA DERECHA

Esto es un cubo:

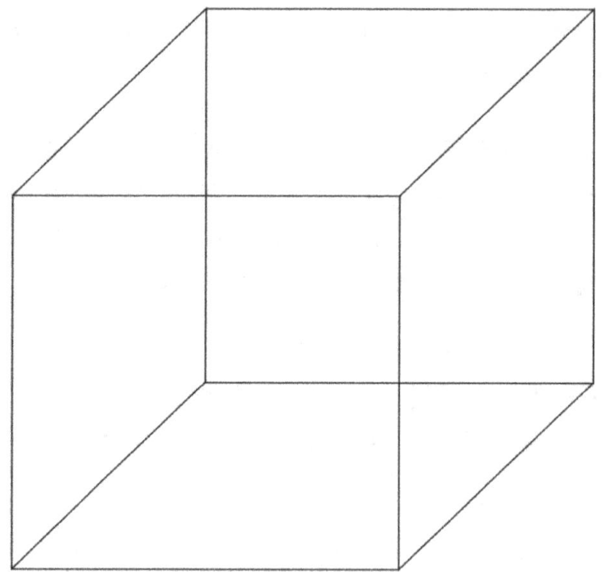

Hagamos esto más breve, cuando lees un libro, por razones que no comprendo, se tiene la idea intrínseca de que se debe divagar constantemente en torno a terminología exageradamente compleja para que el lector se haga a la idea de que lo que está leyendo tiene un valor real, dado lo difícil que se vuelve la lectura. Más o menos lo que estoy haciendo, pero sin aforismos complejos, convencimiento por aburrimiento.

¿Recuerdas esta imagen?

Habíamos dicho que siempre es posible decir más acerca de todo aquello que nos rodea, que lo que usualmente decimos. En política es igual, y pueda que mucho más castrante. Siéntate frente a la televisión cada mañana y escucha los programas que se dedican a abordar estos temas, todo se resume a dos ideas centrales que dan forma al pensamiento político:

EL EJE DE LAS IDEOLOGÍAS

➢ Izquierda versus derecha

Eje X: El eje ideológico

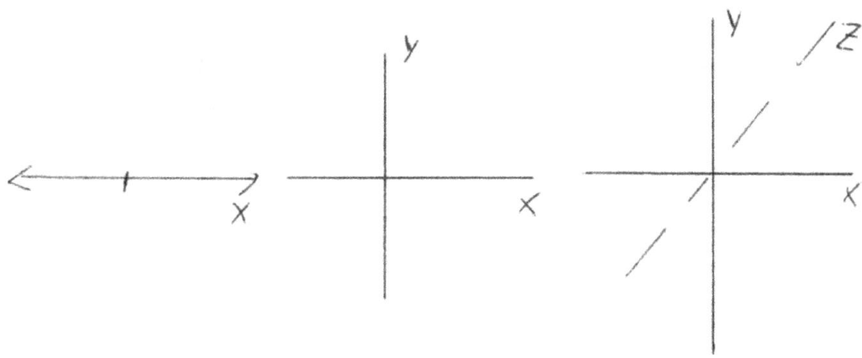

Como vamos a hablar de ejes de pensamiento, llamaremos al primero, y más comúnmente usado en nuestros esfuerzos por entender el mundo político que nos rodea, como el eje X.

El eje x es el de las ideologías. Un conocimiento común, o sea, que es de dominio público. Los términos "izquierda" y "derecha", provienen de la Revolución francesa, en la Francia de 1789.

En la asamblea constituyente de ese año, los congresistas que deseaban que el rey continuara conservando el poder político se sentaron del lado derecho del salón de reuniones, tal como ocurre hoy en el congreso de tu país. Y los que estaban a favor de una reforma que aboliera el poder político del rey se sentaron al lado izquierdo.

Entonces, el eje de las ideologías nos dice dos cosas:

1. Todos los políticos actuales, y sus correspondientes partidos políticos, surgen de las personas que se reunieron a la izquierda del salón en donde se reunieron en esa primera asamblea. Estaban en el mismo lado, pero no defendían el mismo modelo político. Marx, solo fue uno de decenas de filósofos que intentaron darle forma a los ideales revolucionarios que recorrían el planeta en esa época.

2. La idea fundamental que divide a las estructuras políticas que deambulaban en esa época, tenían dos corrientes fundamentales: concentrar el poder y diluir el poder.

   De las decenas de corrientes políticas e ideologías del siglo dieciocho, hoy en día, todo se centra en dos corrientes primordiales a las que conocemos como izquierda y derecha. Aunque, con estructuras políticas diferentes, todas poseen un mismo objetivo manifiesto, como veremos más adelante.

El debate ideológico se ha reducido a la tarea eterna de convencer a los ciudadanos de que un bando "x" es bueno y otro bando "y" es malo y, consecuentemente, debemos darle el poder al bando bueno y no al malo porque eso ha de acarrearnos graves consecuencias.

EL EJE DE LA ECONOMÍA

> Los de arriba contra los de abajo:

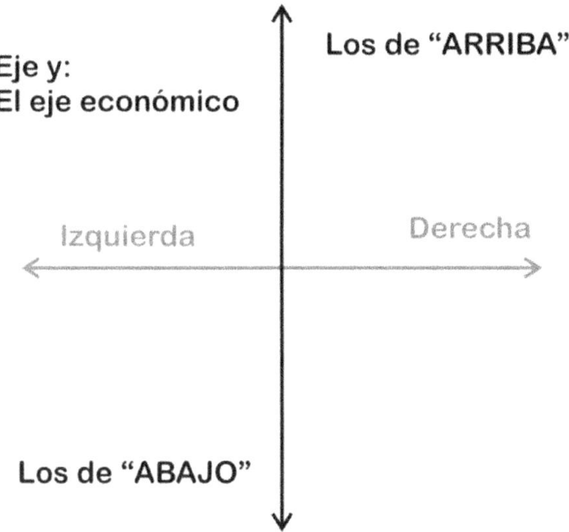

Desafortunadamente, la agonía de los de abajo y la opulencia de los de arriba, es de vieja data. Ya lo escribía Victor Hugo en Los Miserables, su narrativa hace eco hasta nuestros días y surgen adaptaciones con cada nueva generación, actualizando los roles de héroes y villanos según a quienes se cree están arriba moviendo los hilos.

Otro artista, más reciente, que expuso ese sentir hasta el cansancio fue Cantinflas, en todas sus películas se reflejaba las vicisitudes de quienes no tenían acceso a la educación, entre muchas otras cosas.

El problema es que, desde la época de Victor Hugo hasta nuestros días, las familias acaudaladas no son las mismas. Con cada generación surgen "nuevos ricos" y muchos de los "viejos ricos", familias o empresas, desaparecen del acontecer social y político de nuestro entorno. Aunque muchos no lo crean, la política influye, directamente, en el crecimiento y caída de innumerables empresas y familias acaudaladas.

EL EJE DEL PENSAMIENTO POLÍTICO

> ➤ La otra derecha: concentrar el poder vs. diluir el poder:

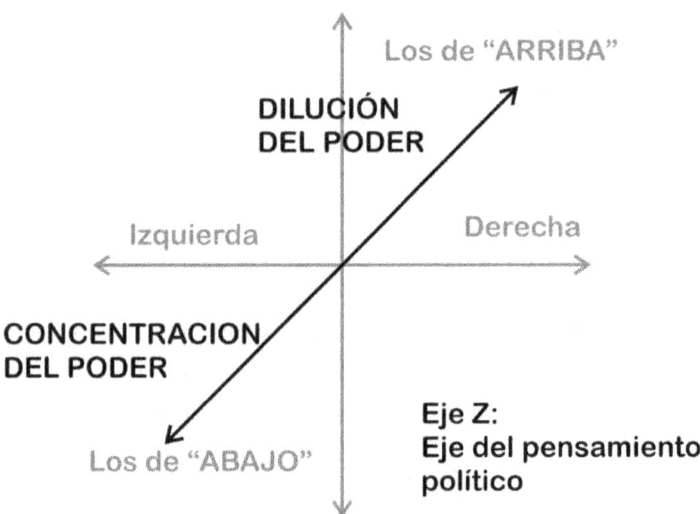

He llamado a este eje, el eje del pensamiento político por la misma razón que conocemos los términos de izquierda y derecha, la Revolución francesa y la asamblea de 1789.

Recuerdas que dijimos que en esa reunión se sentaron a la izquierda los que pregonaban por la erradicación del poder político de las manos exclusivas de la realeza y la corte de aduladores de los cuales se rodeaba, y que dan origen al término "oligarquía".

Eso deja, en la derecha, a los que desean "concentrar" en manos de unos pocos la responsabilidad y los beneficios de la ostentación del poder político. A través de la historia, quienes ostentan el poder político determinan quienes tendrán los beneficios económicos y sociales.

La lucha por traer el poder político hacia los ciudadanos es la que impulsa reformas que restan poder a las fuerzas que lo concentran. Esta sería la otra izquierda, la que busca restar la concentración del poder a través de una creciente participación ciudadana.

Entonces, tenemos la izquierda y la derecha que tú conoces, que son la izquierda y la derecha de las ideologías. Y las nuevas que te acabo de presentar que son la de concentración de poder político, o segunda derecha, y la de diluir el poder político, la segunda izquierda, para que tú y yo no entremos en polémica y confusión las llamaremos:

- ✓ Imperialismo: Según el diccionario de la RAE, el imperialismo es una "actitud y doctrina de quienes propugnan o practican la extensión del dominio de un país sobre otro u otros por medio de la fuerza militar, económica o política." o un "sistema y doctrina de quienes propugnan o practican el régimen imperial en el Estado.", pero para nuestros fines diremos que el imperialismo es toda fuerza política o ideológica, pudiendo ser una parte de la otra, que busca concentrar el poder político en manos de un grupo cada vez menor de personas con la consecuente concentración de las potestades económicas y militares.
- ✓ Liberalismo: Según el diccionario de la RAE, el liberalismo es una "Actitud que propugna la libertad y la tolerancia en la vida de una sociedad." o una "doctrina política que postula la libertad individual y social en lo político y la iniciativa privada en lo económico y cultural, limitando en estos terrenos la intervención del Estado y de los poderes

públicos.", pero para nuestros fines diremos que el liberalismo es toda iniciativa social o política que promueve una sociedad con equilibrio de derechos y poderes a través de una mayor participación ciudadana, real, en los asuntos públicos. Somos libres en la medida en que todos participamos en asuntos públicos.

Liberalismo e imperialismo son palabras que puedes escuchar, cada día, en la jerga política y aunque tienen un valor ideológico diferente al que te presento, estas palabras reflejan lo que significa ir a la izquierda o derecha en materia política.

El imperialismo es controlar y concentrar el poder, un estado controlador centraliza las fuerzas políticas, generalmente, en los hombros de un único líder al que puedes llamar rey, emperador o presidente, y junto a este, una oligarquía que colabora en mantener ese control a toda costa.

Liberalismo es administrar y diluir el poder político para que nadie tenga el poder suficiente para poder ejercer un control abusivo de los recursos de la nación ni pueda subyugar, a sus caprichos, a los ciudadanos que estén, o no, en sus filas.

EL CUBO RUBIK

Empecemos de nuevo, si, lo sé, es cansado, pero es necesario. Como decía la vieja bruja del ministerio de magia, Dolores Umbrige, cuando daba clases en Hogwarts:

"… — Repita 5 veces para mayor retención."

Imagina un cubo de Rubik, tal vez lo conoces como cubo mágico.

Es fácil imaginarlo, tiene seis caras y una está arriba y otra abajo, una a la izquierda y otra a la derecha, una adelante y otra atrás. Cada una con un color diferente: roja, azul, amarilla, verde, naranja y blanca.

Imaginemos que los colores están en este orden, y digo imaginemos porque el orden de los colores que diré a continuación pueda que no sea el mismo que tienes o has visto en los cubos, pero nos servirá así para este símil.

1. Azul: a la derecha
2. Rojo: a la izquierda (esto nos es útil porque los colores, de la izquierda ideológica, suelen ser rojo y de la misma manera el azul para la derecha).
3. Amarillo: arriba porque simbolizaría al oro.
4. Naranja: abajo, porque hace juego con el amarillo.
5. Verde: adelante porque siempre dicen que el pasto está más verde en la tierra del vecino.

6. Blanco: atrás, en lo personal, porque creo que lo que le funciono a otros, en otro tiempo, no tiene por qué ser algo que nos funcione a nosotros, pero no por ello vamos a dejar de aprender ocultándolo o destruyéndolo. Debemos aprender de nuestro pasado.

Cuando hablamos de política, suele sacarse de la ecuación la influencia bidireccional que tiene la política en la economía y la economía en la política. Y cuando hablamos de avanzar, las personas no toman como eje de interés a la política, por ello todos los políticos hablan de avanzar hacia el futuro en términos de gastar dinero, usualmente, con inversión en infraestructura y a esto le llaman "progreso".

Volvamos a nuestra interpretación. El eje ideológico es fácil de visualizar.

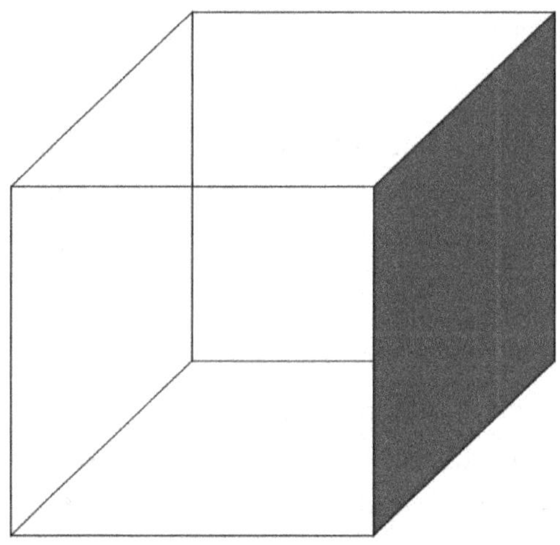

A la derecha tenemos la cara azul, en donde se agrupan las personas que impulsan el "libre" mercado, algo que muchos politólogos te explicaran un millón de veces mejor, bueno, cada uno lo hará dependiendo de su ideología. Aquí solo diremos que, a lo que la derecha llama libre mercado es a la acción de apoyar macroempresas alegando que estas generan empleos que los ciudadanos requieren.

Como puedes evidenciar, cuando tratamos de definir una ideología, el eje económico es de vital importancia para dicha ideología. Sin embargo, el eje del pensamiento político es casi nulo en la definición de las mismas. Se habla de avanzar, progresar, crecer en lo social en términos de bienes materiales (infraestructuras), pero no en función de la participación del ciudadano en los asuntos públicos.

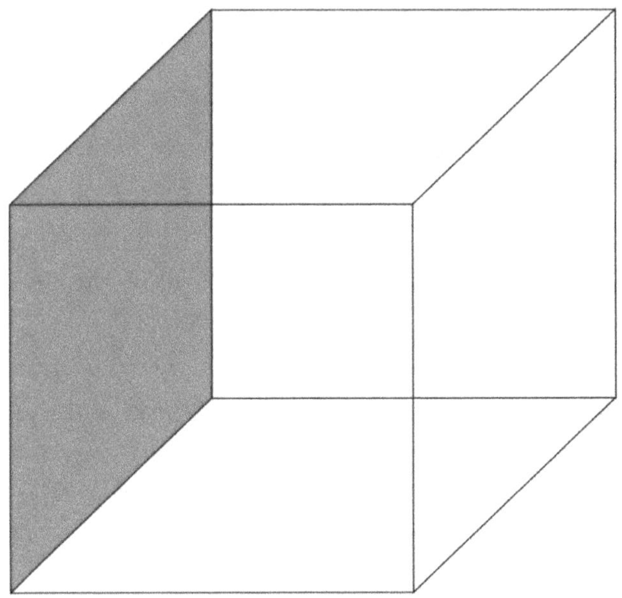

Lo mismo ocurre a la izquierda, en donde hemos ubicado el color rojo de nuestro cubo de Rubik político. Desde el criterio económico, estas ideologías hablan de beneficiar a los obreros que trabajan en esas macroempresas. Como leímos al principio, en donde asevere que Venezuela ya había experimentado de gobiernos de izquierda, ideológica, desde varias décadas antes de Chávez.

- ✓ ¿Bolso escolar? Antes de Chávez.
- ✓ ¿Vaso de leche y desayuno escolar? Antes de Chávez.
- ✓ ¿Becas escolares? Antes de Chávez.
- ✓ ¿Planes de vivienda? Antes de Chávez.

Todo esto financiado por PDVSA, también recordemos que en Venezuela había la creencia popular de que ser obrero, de empresa básica, era mucho más deseable que ser gerente de banco.

¿Qué podemos decir del eje del pensamiento político? Nada. Todo es pensamiento, y cuando hablamos de pensamiento político hablamos de todo, pero cuando hablamos de ideologías, las mismas son castrantes. Las ideologías no permiten el pensamiento divergente.

Eso significa que todo militante debe aceptar los perceptos ideológicos de la organización a la cual pertenece, aunque no esté de acuerdo con los mismos, muchos, en la esperanza de que cuando lleguen a la cúspide podrán hacer un cambio.

Eso me recuerda mucho a Ataque de Titanes, *Attack of Titans* o *Shingeki No Koyin*. Es un anime y manga japonés en donde la premisa detrás de uno de los gobernantes del reino donde habitan los protagonistas de la historia, es que le decía a su hermano que cuando el llegara al poder haría las cosas diferentes, sobra decir que una vez en el poder termino haciendo lo mismo que sus predecesores, aunque, a menos que seas *fandom* de esta historia, no entenderás la referencia.

Quienes viven inmersos en el mundo de las ideologías, suelen ser absolutistas, solo ellos tienen la respuesta, aunque casi nadie sabe cuál es la pregunta. Ya te había dicho que, en materia ideológica, toda creencia compartida por un número suficiente de personas, es una ideología.

El mayor problema con las ideologías, es que la mayoría de las personas que las enarbolan, no son conscientes de que las tienen. Por lo general, a la ideología dominante se le considera un dogma, un hecho comprobado y veraz. Pero salvo que estemos hablando de ciencias puras, son solo conjeturas, creencias basadas en la observación.

Todos miran al cubo de Rubik político como al de la imagen, con caras bien definidas y determinadas y cada uno cree que esta en lo correcto. Pero en realidad es como el siguiente:

Cada cara es un compendio de colores diversos, a cada lado del mismo. Cada uno es una ideología que busca imponerse sobre las demás dentro de un modelo político determinado (democracia en nuestro caso). Desde el punto ideológico creen hacer lo correcto, al menos aquellos que están inmersos en dicha creencia, y son muchos.

¿En qué crees tú?

Las ideologías, al ser castrantes, son polémicas y causan enfrentamientos sociales. Los enfrentamientos generan discordias y estas son capitalizadas por los líderes para captar adeptos bajo la promesa de resolverlas.

Las ideologías están en todos los aspectos de nuestra vida diaria, solo que muchas no son compartidas por un número masivo de ciudadanos o no son tan polémicas como otras. Por ejemplo:

Las ideologías de género, si, en plural. La primera vez que busqué ideología de género en Google, me topé con un artículo feminista, aunque la que causa más polémicas, aparentemente, es la LGBTQ+. Ahí me pregunte: ¿Cuántas ideologías de género existen? En mí apreciación personal, hay tres: La heterosexual, la que es considerada dogma por la dirigencia política pues ahí está un grueso de los votantes registrados, luego la ideología de género feminista y finalmente la LGBTQ+. Y, cabe destacar, que dentro de cada una de ellas hay varias vertientes.

¿Deportes? En este caso, no es tan polémica, pero es recurrente ver en la tv los estallidos de violencia motivada por las creencias de los diversos *fandom* deportivos, sobre todo en futbol.

¿Racismo? Veras, si tú tienes aprehensión contra un grupo de ciudadanos basados en el color de su piel, eres racista. Esa también es una ideología, y, contrario a la opinión pública "dogmatica", no es solo de blancos, gringos, contra el resto de mundo.

PENSAMIENTO POLITICO

Los ejes del pensamiento ideológico y económico, como he dicho, son fáciles de asimilar pues no he dicho casi nada que no escucharas, antes, en algún medio masivo de información, tal vez, de una forma diferente a la expuesta por mí, cada quien lo explica a como ha sido "ideologizado".

Con el tercer eje, sin embargo, la situación es diferente. Todos los filósofos, durante siglos, te hablan de las ideologías como si de modelos políticos dogmáticos se tratasen, pero al final, cuando alguien enarbola una bandera ideológica termina haciendo lo mismo que sus predecesores y por esa razón separo a las ideologías del pensamiento político.

Una cosa es lo que piensa el burro (pensamiento político y modelos de gobiernos) y otra el que lo monta (las ideologías y sus promotores). Por ese motivo, luego pasan a la historia con sus nombres: Marxismo, Leninismo, Estalinismo, Chavismo, entre otros.

Cuando te sientas a leer la propuesta política resulta tentadora: igualdad, participación, hermandad, unidad, etc. Pero, en la práctica ocurre todo lo contrario. Una consigna muy popular, usada en muchos países, dice: "El pueblo unido, jamás será vencido". Pero ¿Cómo podemos estar unidos? Sí, la base cultural de la política partidista es dividir al pueblo para ganar por una nariz y reinar, perdón, gobernar como si todos, en el país, estuviesen de acuerdo con todos y cada uno de sus actos políticos.

No te ofendas, pero nos tratan como ganado.

Entonces, el pensamiento político es la realidad de los modelos políticos y no lo que las fuerzas ideológicas pregonan. Hablaremos de esta dualidad como:

MODELOS POLÍTICOS vs.

IDEOLOGÍAS POLÍTICAS

Mira la siguiente gráfica, en ella ubicaremos a los modelos políticos, según como estos permiten al ciudadano participar de los asuntos públicos.

Cuanto más a la derecha nos movemos, en el eje del pensamiento político, nos encontramos con modelos políticos, cada vez más, absolutista y hegemónicos.

DERECHA

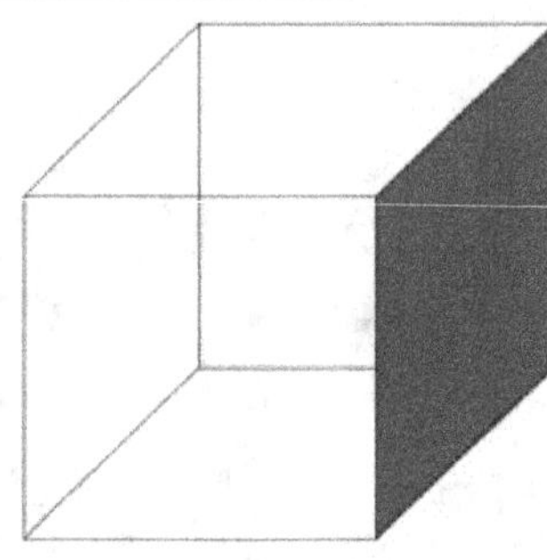

A la derecha la palabra clave es IMPONER. Cuanto más a la derecha está un gobierno, más desesperadamente busca imponer su voluntad a la sociedad, tanto a la que lo eligió y le apoya como a quienes no lo eligieron y le adversan.

Otra característica fundamental de estos gobiernos que concentran el poder es el control de la información, todo debe ser rojo para la izquierda ideológica, y todo debe ser azul para la derecha ideológica. La libertad de expresión solo existe si es azul azulito o rojo rojito, según sea el caso. Parcializar a los medios, a su favor, es tarea fundamental de quien quiera concentrar el poder entorno a sí mismo.

Dijimos que en cada modelo de gobierno dentro del eje del pensamiento político, encontramos ideologías de izquierda tanto como de derecha. Ambas buscan mover el poder a su favor (modificando las leyes) y cuanto más a la derecha de este eje se mueven, más se radicalizan estas ideologías. Cuando esto ocurre, por lo general, el poder termina en manos de un único líder y el movimiento suele tomar su nombre: Chavismo, Castrismo, otros.

Sé que te sorprende que coloque a países que radicalmente tengan ideologías opuestas en el mismo charco, pero debes recordar que no evaluó, en estos momentos, sus ideologías sino sus modelos políticos. Cuanto más concentran el poder más a la derecha están en este eje. Muchas de nuestras naciones están rumbo a "OSCUROPOLIS", algo así como corea del norte.

Ahí hay elecciones, pero todo el poder está en manos de un único "líder" que decide quien vive o quien muere en función de cuanto lo alaban. En OSCUROPOLIS hay elecciones, pero no hay democracia. El siguiente nivel es el caudillismo y el monarquismo, un LÍDER para gobernarlos a todos, un LÍDER para controlarlos a todos, un LÍDER para esclavizarlos a todos.

Es por ello por lo que suelo llamar a estos regímenes:

- NEOMONARQUÍAS: Neo: nuevo. Monarquías: gobierno donde los títulos se heredan. Una neomonarquía sería un nuevo modelo de gobierno en donde los ciudadanos, con el poder político, les "heredan" los cargos a sus vástagos, retrocediendo, de esta forma, a la era medieval.

IZQUIERDA   <u>Palabra clave:</u> ACORDAR

<u>Pensamiento político:</u>
Diluir el poder

<u>Modelo propuesto:</u>
Comunismo, no existe un ejemplo funcional en la actualidad

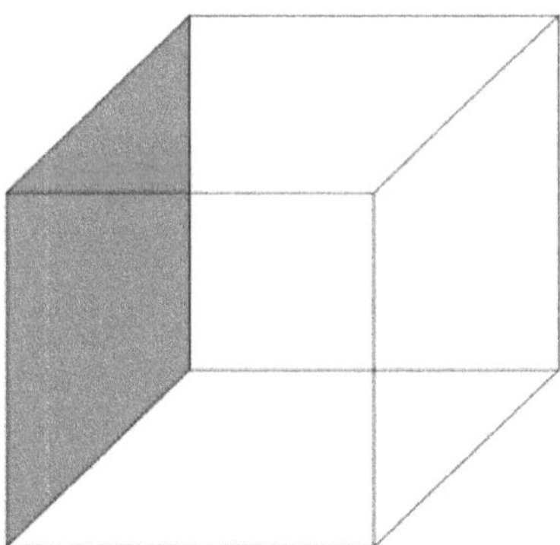

A la izquierda la palabra clave es acordar, conciliar, llegar a acuerdos. Cuanto más a la izquierda del eje del pensamiento político se construye un modelo de gobierno, más participa el ciudadano de los asuntos públicos. Pasa de solo ir a votar, a la creación de comités sin acción real en la vida política, a ser parte del proceso político con voz y voto.

La información fluye con equidad y con menos impacto negativos de la desinformación pues la sociedad está al tanto de lo que ocurre. Hoy, desinformar es más importante que informar porque un ciudadano informado puede desarrollar su propia opinión y estas pueden ser contrarias a los intereses de actores políticos nacionales e internacionales, algo muy preocupante.

Cuanto más a la izquierda, más diluido está el poder y, a su vez, menos son capaces los politólogos y filósofos de darles forma o explicar el cómo construirlos. Por eso llamo a esa área "FANTASILANDIA", el comunismo es un claro ejemplo de ello.

El comunismo es un modelo político en donde el poder está tan diluido que no hay un ente al que puedas llamar gobierno. Recuerdo haber leído Utopía, el libro narraba, en su comienzo, la vida de un herrero en una aldea medieval, o al menos eso me parecía, este hacia lo que tenía que hacer, luego iba donde el panadero que hacia lo que tenía que hacer y así con todos en el pueblo de tal forma que nadie cobraba por su trabajo y nadie tomaba más de lo que necesitaba.

¿Cuál es la queja más importante, en nuestros tiempos, entorno al acontecer político?

Que los políticos toman más de lo que necesitan y les es legalmente permitido. No en su crítica, pero tampoco en su defensa diré que:

Un ciudadano que no es capaz de respetar una luz roja...

¿Será capaz de respetar un millón de dólares de los contribuyentes?

¿ADÓNDE VAMOS?

Una vez más, la última, lo prometo.

Decíamos que tradicionalmente, en el mundo de la política mediática, cuando se habla de política solo se expresan las ideas entorno a dos ejes de discusión:

> El eje "X": Lo he llamado como el eje de las ideologías, y recuerda que dijimos que una ideología es una idea o creencia que es compartida por un grupo significativo de personas que lo sienten y lo interpretan como un dogma que todos, en la sociedad, deben aceptar y asumir, les guste o no. En política estas ideologías se han resumido a dos grandes grupos: Izquierda y derecha, las personas suelen confundir o combinarlo con el eje del pensamiento político que es donde estudiamos los modelos políticos como socialismo y democracia.

> El eje "Y": es el eje de la polémica, la disque lucha de clases sociales. Lo curioso es que los políticos suelen fomentar el odio entre los que tienen dinero (los ricos) y los que no tienen dinero (los pobres) solo para al final terminar siendo, los políticos favorecidos con el clamor popular, los que tienen el dinero.

Es probable que estés confundido con la idea de que las ideologías no tienen nada que ver con los modelos políticos, pero repitamos el refrán:

"una cosa es la que piensa el burro y otra el que lo va arriando"

Los modelos políticos, son propuestas para el establecimiento de formas de gobierno, por esa razón, separo los modelos políticos de lo que son las ideologías. El eje "Z" es el que contiene a los diversos modelos políticos, o modelos de gobierno, que se han instrumentado en el mundo, y cada gobernante ha aplicado esos modelos a su modo muy particular, esa acción "particular" del gobernante es a lo que llamo ideología.

Los ciudadanos se agrupan entorno a dos o tres opciones políticas basados en sus ideologías o creencias personales. En El Salvador, mientras escribo estas líneas, se realiza la elección de alcaldes y diputados de dos mil veinte, la principal característica de esta elección es que los roles políticos ideológicos en la psiquis de la mayoría de los ciudadanos están cambiando.

El presidente se separó del partido que era identificado como de la ideología de izquierda y se llevó esa imagen consigo a su nuevo partido. El espejismo ideológico de los ciudadanos ha empujado la idea de que el anterior partido de "izquierda", no lo era sino que era una derecha disfrazada. Izquierdas y derechas son un espejismo cultural basado en las creencias del bien y el mal. Cada bando se proclama bueno y exhorta en sus seguidores la creencia de que el otro bando es el malo.

Por experiencia sé que cuando un ciudadano está inmerso en su ideología, es imposible hacerle ver con claridad la diferencia entre el bien y el mal, lo que lleva a violaciones de las leyes, los derechos humanos y los derechos ciudadanos que son justificados, por los fanáticos políticos ideologizados, como merecido castigo hacia sus rivales, lo que incrementa las diferencias sociales y los resentimientos político partidistas. Esto lleva a una radicalización ideológica indetenible.

LAS 3 MARÍAS

Cuando hablamos de modelos políticos, primero debemos estudiar a los referentes históricos. Cuando comenzamos a vivir en ciudades, la necesidad de una estructura social dio inicio al oficio de líder y este, a su vez, condujo a la existencia de los dirigentes.

La diferencia entre ellos es que un líder hace lo que un dirigente le pide a sus seguidores hacer. Con el tiempo surgió la burocracia, y así se dio origen a la lucha de clases, pero empecemos por ver brevemente a los modelos políticos que definen a nuestro mundo moderno.

✓ El Imperialismo y las monarquías:

Primero fueron los líderes caudillistas, un jefe tribal que, ante la demanda de recursos de su gente, decidió salir a tomar por la fuerza los recursos de sus vecinos.

Con el tiempo algunos llevaron sus ambiciones mucho más lejos y formaron los primeros reinos, con eso surgieron las monarquías y, a través de los cuentos de hadas, nos enseñaron que siempre hay un rey bueno con una hija buena que van a cuidar del pueblo con amor y bondad. Bueno, hasta que un madrastro o padrastra, malvado o malvada, nos esclavizan.

Cuando los territorios empezaron a estar bien definidos, las ambiciones siguieron creciendo y estos líderes, deseando más territorios y siervos, con esta ambición a cuestas empezaron a conquistar otros reinos formando imperios. El deseo de ser más, tener más y ser la única autoridad por sobre todo a nuestro alrededor, es parte de nuestra anatomía cultural del liderazgo.

Hoy en día, nos gusta pensar que hemos abandonado el modelo monárquico. Sin embargo, todas las leyes "modernas" giran en dirección al establecimiento de un nuevo modelo de monarquías.

Llamaremos oscuropolianos a todos esos modelos políticos "modernos" que poco a poco abandonan la democracia actual para internarse en una zona desconocida a la que he bautizado como: OSCUROPOLIS.

Más adelante vamos a visualizar lo que este escenario nos depara. Estamos retrocediendo hacia las monarquías, hacia la derecha de la gráfica de los modelos políticos.

✓ La Democracia griega:

Siempre que escuchas hablar de democracia, no es posible hacerlo sin pensar en los griegos y, en particular, la ciudad de Atenas, la cuna de la democracia. Según tengo entendido, este modelo de democracia obligaba a los varones adultos, ciudadanos atenienses, a participar de la toma de decisiones, se elegían funcionarios pero, a diferencia de hoy en día, a esos funcionarios no se les permitía tomar decisiones por sí mismos ya que se le consideraba oligárquico.

Es considerada muy limitante, para los canones actuales, porque solo se le permitía el derecho a voto y participación a un número limitado de la población. Aun así, los que tenían derecho a participar lo tenían a plenitud.

✓ La República:

Los Romanos son famosos por el imperio que construyeron, pero su imperio solo fue posible gracias a su modelo republicano. Los emperadores, por lo general, surgen de reyes que conquistaron otros reinos como lo hizo el primer emperador que creo la nación China.

Los emperadores romanos no fueron reyes, fueron generales. Patricios todos, o sea, miembros de la elite que gobernaba Roma: El Senado Romano. El Senado Romano fue la primera oligarquía dentro del modelo republicano que, aunque no lo sepas, perdura hasta nuestros días.

La república Romana fue un sistema elitista, solo los miembros de familias "poderosas" podían formar parte del senado y solo el mismo senado controlaba quien ingresaba y quién no. Por ese motivo, su sistema no se asocia a la democracia aunque en nuestros días si lo hace. La principal diferencia entre el senado Romano y el senado moderno, que conocemos, es que este último es elegido por los ciudadanos, aunque estos los vean de igual forma como la plebe lo hacía en la antigua Roma.

Volviendo al Imperio Romano, rara vez un emperador pudo heredar a sus hijos el cargo, esto gracias a que el derecho a proclamarse emperador no estaba exclusivamente atado al derecho de nacimiento, como en las monarquías típicas.

Como sociedad militar, otro general podía reclamar el derecho a gobernar, bien sea porque el que tuviera el derecho de sangre no fuera un sucesor digno para los ejércitos que comandaba u otro general quería quedarse con el poder. No soy historiador, Sin embargo, estoy seguro de que has visto películas donde las cosas no son como fueron, pero sí como nos las imaginamos.

EL SIGLO XXI

En la actualidad, la discusión política gira entorno a los siguientes modelos:

✓ Democracia representativa:

En forma burda y simplista, lo que conocemos como democracia representativa es el cruce de la democracia ateniense, la república romana y la monarquía.

La figura del REY es sustituida por la de presidente, se supone que con más responsabilidades para con los ciudadanos y menos poder para hacer su propia voluntad, pero en la práctica, a la medida que nos adentramos en el siglo XXI, cada vez se parecen más a reyes y empiezan a pelearse unos a otros por el título de emperador de la tierra.

El Senado romano revive en la forma de las diversas asambleas y cámaras nacionales encargadas de formar las leyes que nos permiten coexistir en paz, al menos en la teoría.

La democracia ateniense permitía a todo ciudadano, con derecho a voto, el participar de los procesos políticos dentro de la ciudad estado griega. En la democracia representativa, el derecho al voto se ha incrementado, es cierto, pero la participación directa se ha reducido a la nada. Un ciudadano no tiene derecho a dar su opinión en libertad y de forma unilateral sin ser reprimido y silenciado en favor de los partidos políticos mayoritarios.

El pluripartidismo ha dividió a los ciudadanos bajo el alegato del "bienestar del pueblo", pero ¿Puede construirse una gran nación con un pueblo dividido bajo la premisa de la imposición de las ideologías de las mayorías?

El pluripartidismo, bipartidismo y el monopartidismo se basan en la imposición obligatoria de las ideologías de una supuesta "mayoría". Sin embargo, si buscas en Google los resultados de la última elección en tu país, veras que los ganadores no son la mayoría, pero actúan como tal.

¿Cómo es eso posible? Fácil, se toma a todas aquellas personas que no fueron a votar o que anularon su voto y se usan, en el discurso político, como si estos últimos hubiesen votado por el ganador. De hecho, muchos aplauden al ganador como si lo hubieran hecho esperando algún beneficio personal de ello.

En Venezuela, con Chávez, ocurrió que años después muchos venezolanos negaron haber votado por él en esa primera elección.

Revisa esos números y veras que tus líderes gobernantes no llegaron con la mayoría, solo lo hicieron con un mayor número que sus rivales.

✓ Socialismo y comunismo:

Seguramente nunca habías considerado al socialismo como algo que este a la derecha pues todos los que lo enarbolan dicen ser de izquierda.

En mi gráfica lo he colocado a la derecha porque la esencia de este modelo político es concentrar el poder. Cuando Marx, junto a muchos otros, postularon el socialismo lo definieron como la concentración del poder en manos de un líder o una pequeña agrupación de estos que serían los encargados de dar forma al tan afamado comunismo.

¿Qué es el comunismo? Sin la palabrería retórica, un gobierno sin gobierno. Parafraseando a Gloria Álvarez el comunismo es un lugar mágico al cual Marx no sabía cómo llegar, pero que estaba seguro de que las personas aceptarían abandonando sus deseos personales en favor de la mentalidad de colmena.

En ese sentido, ambos modelos están en un área no definida con características diferentes, estas áreas son: Oscuropolis y Fantasilandia.

Exploremos lo que la ciencia ficción ha sabido lucrar con estas dos áreas.

OSCUROLANDIA vs. FANTASILANDIA

Aquí encontramos una amplia versión de modelos políticos que se dirigen hacia las monarquías del pasado. Los ciudadanos han demostrado su infinita capacidad para olvidar lo que una monarquía es y representa.

Como estos modelos no forman parte de los modelos políticos, "oficiales", propuestos por los diversos politólogos y filosofos a través de la historia, es difícil darles nombre, pero podríamos citar un ejemplo para hacernos una idea:

- La República Democrática de Corea del Norte: De democrática solo posee su nombre y el hecho de que cada cierto tiempo se llama a los ciudadanos a ratificar a su rey, perdón, gobernante. El mismo posee un poder absolutista, al grado de poder condenar a muerte a quien le dé la gana, heredo el puesto, después de, supuestamente, liquidar a sus rivales por el trono (sus hermanos), el cargo lo heredo de su padre que lo heredo de su abuelo, a eso le decimos dinastía. Como nota final, anota esto en tu libreta mental: Una elección no hace democracia.

Estoy seguro de que has oído hablar de: Fascismo, Castrismo, Madurismo, Nazismo, Chavismo, Leninismo, Estalinismo y otros. Todos ellos son propuestas políticas que fueron definidas despúes que aquellos por los que adoptaron esos nombres las aplicaron. Sin embargo, todos en su momento hablaron de democracia, socialismo o comunismo.

El modelo político que decían querer poner en marcha estos líderes, en su momento, tenía como móvil el captar el descontento social de los ciudadanos para poder asirse al poder. En estos ejemplos pueden ver en acción lo que es el modelo político contrastado con los procesos ideológicos.

Las ideologías de derecha buscan concentrar el poder alrededor de su grupo, puesto que se consideran mejores que sus rivales, a esto se le suman sus ambiciones individuales y colectivas. Estas terminan por imponer sobre el resto de la población sus creencias lo que conlleva a la discriminación de las creencias de sus rivales.

Todas estas ideologías que terminaron por concretarse como propuestas políticas existen en el área a la que llamo: Oscuropolis.

Existen cientos de personas que ambicionan vivir en estos regímenes, a ellos les llamaremos Oscuropolianos. Entonces, los oscuropolianos ambicionan estos regímenes porque saben que estarán en los lugares privilegiados de mando o, en su inocencia, creen que su calidad de vida mejorara. Pero, no lo hará, son como Bartolomeo Simpson esperando a que Krusty el payaso cambie.

Escudriñemos el cine de sci-fi, el anime y el *manga*, además del cómic para encontrar modelos políticos que creo vamos a ver en el futuro:

Protagonizada por Christian Bane y dirigido por Kurt Wimmer. En este mundo oscuropoliano, el "sentir emociones" había sido responsabilizado de todo lo malo en la sociedad y excomulgado de la misma a través de una droga.

Todos los ciudadanos, periódicamente, debían inyectarse una droga que suprimía sus emociones. De esa forma no podían sentir deseo, ira, lujuria, ambición ni amor y mucho menos apego, entre muchas otras emociones.

Nuestro protagonista nos muestra un *kata,* con armas, extraordinario así que su elección como un nuevo Batman, estuvo más que bien recibida.

Aparte de la acción, esta sociedad oscuropoliana nos muestra la terrible verdad del futuro que nos espera en la vida real. El gobierno no seguía su propia ley, ninguno de los líderes estaban utilizando la droga, así que en una civilización compuesta de ciudadanos, emocionalmente castrados, eran libres de satisfacer sus emociones y apetitos más crueles sin que los ciudadanos pudieran oponerse.

La frase que más me impacto y por la cual te invito a que veas esta película es:

"— Algunos debemos suprimir nuestras emociones, para que otros puedan disfrutarlas."

Ocurre en el cine como ocurre en la vida real, la mayoría de las naciones que han amparado sus creencias bajo la bandera del modelo político conocido como Socialismo, empujan a sus naciones a modelos de este tipo, un líder único, que junto a una oligarquía partidista, obtienen beneficios de su posición mientras sus seguidores sufren, y aún más sus opositores, de carencias debido al acaparamiento de recursos de esta casta gobernante.

Todos los líderes, que fomentan este tipo de modelos políticos, sueñan con una droga que garantice una devoción ciega de la población.

✓ Los Juegos del Hambre:

Protagonizada por Jennifer Lawrence y dirigida por Gary Ross, en este futuro apocalíptico se levantó Panem una nación oscuropoliana en donde el poder estaba centralizado en el capitolio, en donde vivía la clase dominante.

Aparte del capitolio, había 13 distritos y en una rebelión, uno de los distritos, el más lejano de la capital, fue destruido. Los doce distritos restantes sufrían lo que calificó como una vida de esclavitud. Eran esclavos del capitolio y debían servir a este, de cuna a tumba.

Este modelo político, aunque producto de la ficción, se ha manifestado a través de la historia incontables veces, sin la tecnología de la película por supuesto.

Normalmente, les decimos dictaduras, sin embargo, un ejemplo de este modelo lo podemos encontrar en el régimen de Pionyang, la capital de Corea del Norte. Por supuesto que en nuestra película las relaciones con otras naciones quedaron en el pasado pues Panem se encuentra en un futuro donde un "cataclismo" destruyo el mundo que conocemos.

Las dictaduras son en esencia modelos caudillistas y oligárquicos en miras de volverse monarquías. De esta forma, surge una frase del presidente de Panem, Snow, a la protagonista Katniss Everdeen:

"— No te equivoques Katniss, Taylor solo busca reemplazarme."

En la actualidad los candidatos se regodean señalando los defectos de sus rivales con la única finalidad de reemplazarlos y cometer actos ilícitos, cada vez más extremos.

✓ One Piece:

Dejamos atrás el cine y abordamos el mundo del anime y el *manga*. Así mismo dejamos a las naciones aisladas y oscuropolianas para ingresar en todo un mundo con diversos modelos políticos, la mayoría monárquicos, pero con un gobierno mundial con tintes oscuropolianos. Creado por Eiichirö Oda y publicado por Weekly Shonen Jump, la misma casa de Dragon Ball.

Esta historia aborda el viaje del Pirata del sombrero de paja, Monkey D. Luufy y sus nakamas. A pesar de ser piratas, son más bien, rebeldes que se enfrentan al régimen establecido. La opresión de los piratas junto a la opresión del gobierno mundial y su guarda marina, que han negociado con muchos piratas para tener un control conjunto de los mares.

Es este régimen mundial el que toma la forma de un gobierno oscuropoliano al negociar con los piratas para controlar a las naciones del mundo. ¿Cómo podemos confiar en un gobierno que negocia con criminales para garantizar su propio dominio sobre los ciudadanos?

Como te he dicho, hui de Venezuela, y lo hice porque la línea entre defensores de las leyes y criminales al servicio del estado ya no existía, a mi juicio por supuesto.

✓ El precio del mañana (In time):

Protagonizada por Justin Timberlake y dirigida por Andrew Niccol, nos encontramos con una humanidad sumergida en un mundo oscuropoliano en donde las personas ya no usan el dinero sino que usan sus años de vida como moneda de intercambio.

A los 25 años, dejan de envejecer al tiempo que, literalmente, su reloj biológico comienza a correr dándoles, únicamente, un año más de vida. Quienes idearon este sistema lo hicieron para poder vivir eternamente a costa del esfuerzo diario de miles de ciudadanos que cada día luchan por conseguir unas horas extras de vida.

En este modelo podemos observar una crítica al modelo económico capitalista en donde los ciudadanos luchan por cubrir sus cuentas, mientras unos pocos pueden vivir sin límites para sus más alocadas fantasías.

El problema o mi problema con esta tesis es que se critica al modelo económico conocido como capitalismo como si fuese un modelo político que va a ser reemplazado por otro modelo político.

Falso, de toda falsedad, el capitalismo es un modelo económico, no un modelo político. Todos los gobiernos del mundo necesitan un sistema para la transferencia de bienes entre los ciudadanos.

En ese sentido solo hay dos modelos, el capitalista y el comunista. En esencia, el modelo económico del comunismo dice que debes salir a trabajar sin esperar nada a cambio y confiar en que el estado pondrá en tu casa, mágicamente, todo lo que necesitas para sentirte realizado como un ser humano pleno y feliz. En la praxis, eso no ha pasado en ninguna parte, aunque las campañas que dicen lo contrario pululan en el mundo capitalista.

Aprovechemos de hablar del porqué líderes de otras naciones elogian al régimen venezolano como si fueran el epítome del éxito económico y la igualdad social.

Aunque no hay un juicio firme que ratifique que ha habido actos de corrupción, yo soy de los que afirmo que existen. La mayoría de los gobiernos y organizaciones no gubernamentales que elogian al gobierno venezolano, han sido apabullados por el derroche de recursos que el estado ha realizado.

En lo personal, más adelante seguiré hablando de las ONGs y la necesidad de auditarlas y de prohibirles el defender a sus financiadores por, obvios, conflictos de intereses. Si, muchas de estas organizaciones y gobiernos que elogian al venezolano se han beneficiado con recursos e inversiones de estos.

Lo mismo podemos ver cuando las tres potencias de nuestros tiempos lo hacen, aunque solo hablan de imperialismo para con los estados unidos, las tres crean conflictos de interés que pueden ser usados para manipular a nuestros gobernantes con fines desconocidos.

- ✓ Anótalo: La ideología de la bondad de unos y la maldad de otros es usada por los políticos para que "unos" sean castigados por crímenes que "otros" cometieron y, al revés, "unos" se salgan con la suya al achacarle crímenes a "otros", por crímenes que ellos cometieron.

Los que escriben las leyes y quienes son responsables por hacerlas cumplir, tienen el control de los mercados económicos dentro de la nación y de quienes pueden lucrarse de ellos o no.

Nuestro modelo político democrático tiene un defecto crucial, los partidos políticos buscan desesperadamente minimizar o, al menos, canalizar el derecho a la participación política a través de ellos. Y, armados con el conocimiento de que quienes hacen las leyes hacen las trampas, buscan obtener una mayoría aplastante en nuestro sistema de gobierno para poder enriquecerse ellos mismos.

Al leer mis líneas has de pensar que puedes resolver el problema votando por otro y dándoles todo ese poder a estos "nuevos" políticos. Falso, solo estás cambiando al chofer y a los nuevos ricos a cargo de todo.

Venezuela vuelve a saltar a la palestra, la mayor crítica a la oposición venezolana que proviene de medios de comunicación y reporteros en el mundo, es que puedes encontrar fotos de

Instagram de fiestas de ciudadanos en Venezuela. Con esas fotos alegan que el país está normal.

El dinero siempre va a fluir, el problema es que en Venezuela solo fluye a través de manos sucias y mercados negros a los que la mayoría de la población no puede acceder. En estos momentos, el estado se ha visto en la necesidad de liberar muchas "cosas", en materia económica, pero es un selecto número de personas las que realmente se están lucrando, la mayoría viven como en esta película, el precio del mañana, en una carrera constante para no morir... de hambre.

✓ Mad Max:

Si de mundos apocalípticos hablamos, Mad Max es un icono al que no se puede dejar de citar. En su última película, encontramos a un régimen que se erguía con el control del agua.

Controlar recursos escasos, es la forma más común con la que los gobiernos oscuropolianos juegan, mucho se ha hablado sobre la escasez en los llamados regímenes socialistas y comunistas, en el sentido de que esta escasez pudiera ser provocada con el fin de someter a la población que anhela estos recursos como lo serían el agua, la energía y los alimentos, entre muchos otros.

Podría seguir con muchos ejemplos de la ficción que retan a la realidad, pero mejor viajemos al otro lado de la imagen, a fantasilandia, el lugar donde los problemas, políticos y sociales, se han solucionado por completo:

✓ Star Trek:

Aunque me considero un *Trekker*, debo estar en desacuerdo con la mayoría de las afirmaciones de los *fandom* con respecto a la realidad política y económica de la serie. Creada por Gene Roddenberry se presentó por primera vez en 1966.

Narra las aventuras de la tripulación de la nave de la federación de planetas, *Enterprise*, en mundo futurista en donde la humanidad ha dejado atrás todos los problemas sociales, políticos y económicos que nos aquejan en la actualidad.

¿Has jugado GTA: San Andreas?

Recuerdo que teníamos una "chuleta", termino venezolano que habla de un recurso académico diseñado para hacer trampa en los exámenes, para jugarlo.

En esencia, Roddenberry nos coloca en un mundo casi comunista. Digo casi porque el comunismo es el modelo político donde no existe un gobierno como tal. Y la federación de planetas es un gobierno en sí mismo.

Inteligentemente, Gene, no dijo cómo se llegó a él, solo dijo que ahí estaba ese mundo, con los años se ha tenido que dar explicación a muchos de los aspectos de la serie lo que ha dejado a más de un *trekkie* disgustado por no "cuadrar" con los niveles de vida que ellos han idealizado.

En Star Trek: Enterprise, la primera de las naves Enterprise de la cronología de la serie, la nave se topa con una estación espacial en donde, para hacer el cuento corto, encuentran una máquina que puede replicar alimentos y cualquier otra cosa que deseen.

Energía, prácticamente, infinita con los cristales de DILITIO y comida, igualmente, infinita, gracias a esta maquina. Dadas esas dos condiciones, es básicamente como hacer trampa para resolver los problemas sociales, lo que hacíamos en GTA.

Bueno, ese es el secreto del éxito de Star trek para resolver los problemas sociales y económicos, una máquina que crea comida a partir de energía, fuera hambre y con ello la mayoría de las luchas sociales, y una fuente de energía que es capaz de mantener a la maquina antes mencionada y todo lo que deseen a costos infinitamente bajos.

¿Quieres zapatos o teléfono nuevo? Replícalo.

¿Quieres una cena romántica con langosta y *Dom Perignon*? Replícalo.

En fin, ese es un invento que acabaría con el hambre en el mundo y las ambiciones de la mayoría de las personas en el planeta. Para todo lo demás, los mandas al espacio a crear colonias y que vean como progresan, eso con el tema de la sobre población y la inevitable necesidad de reproducirse con tanto tiempo libre.

✓ Los Borg:

No mencione a los Borg en las sociedades oscuropolianas, pero de seguro que es una, para poder mencionarlo junto a la serie donde esta aparece. Si la federación es una sociedad casi comunista, según como esta se describe. Los Borg son una sociedad casi socialista, igualmente, por cómo es descrita esta.

Todos en el colectivo Borg trabajan para el éxito de la colmena sin esperar algo en forma individual, esto hasta que descubrimos que todo el colectivo está dirigido por un único líder, la reina Borg. En eso es en lo que se parecen los Borg al socialismo, la noción de delegar toda la responsabilidad individual en un único líder, mientras el resto de los ciudadanos asumimos una función pasiva, haciendo lo que el líder ordene cuando el líder lo ordene y porque el líder lo ordena, bajo el supuesto de que quiere lo mejor para la colmena, como nosotros lo queremos igual.

✓ Equals:

Esta película es dirigida por Drake Doremus y protagonizada por Nicholas Hoult. Nos encontramos con un mundo posapocalíptico donde una nueva sociedad ha evolucionado cercenando las emociones del genoma humano.

No hay ambiciones, ni deseos, ni pasiones, ni amor u odio, todos en la sociedad y de forma natural, la reproducción carece del deseo y la pasión, los ciudadanos son citados para labores reproductivas.

Es lo que llamaríamos una sociedad comunista, parafraseando, nuevamente, a Gloria Álvarez, Marx no contempló la emocionalidad humana en su modelo político y social del comunismo. En esta película, se resuelve el conflicto con este giro en la trama y por ello la sociedad progresa y se dispone a colonizar otros planetas. Al tiempo que una "enfermedad" les devuelve sus emociones a los protagonistas, y demás ciudadanos, amenazando con acabar con este idílico paraíso "pseudocomunista".

DEMOCRACIA CIUDADANA

Este no es un modelo político establecido, es mi propuesta personal. Hasta ahora no he mencionado a la democracia participativa que es una propuesta dentro del modelo llamado socialismo del siglo XXI.

En lo personal no he leído el libro, pero considero que es absurdo hablar de democracia como un pequeño elemento dentro de un modelo político más importante, casi como un apéndice fútil. Y encima, redundarlo con la palabra "participativa", la democracia no es el ejercicio del voto, sino la participación ciudadana en los asuntos públicos y, para que quede claro, participar de asuntos públicos, es ser parte activa de la toma de decisiones del día a día gubernamental.

¿Estoy calificado para presentar una propuesta de modelo político?

No, como respuesta corta, pero como ciudadano es mi derecho hacerlo. En ese sentido mi propuesta estará enfocada a cómo lo implantaría en mi país natal, El Salvador, que es en donde gozo de mis plenos derechos políticos.

¿Por qué no esperar a que se le ocurra a un politólogo, sociólogo o catedrático universitario?

Simple, estos individuos solo leen el trabajo de sus predecesores en los últimos doscientos o trescientos años (sin dejar por fuera la influencia de Platón, Aristóteles, entre otros filósofos de nuestro pasado) y reciclan sus ideas para tratar de vendernos un carro viejo con pintura nueva.

¿Un ejemplo?

El Socialismo del siglo XXI, como lo he indicado, esta propuesta es antidemocrática porque reduce a la democracia a un mero apéndice al final del modelo como para tener ocupada a las masas mientras los lideres deshacen las instituciones e imponen su orden monárquico. Bueno, al menos eso hizo Chávez quien fuese el portavoz más férreo de este modelo.

¿Qué motiva mi propuesta de modelo político?

Para responderte, debo preguntarte primero dos cosas:

1. ¿Qué piden los políticos una vez llegan al poder? Respuesta: Mas poder.
2. ¿Qué dicen los políticos cuando llegan al poder? Respuesta: Que representan al PUEBLO.

Algo que debes saber es que los políticos no hablan en nombre de los ciudadanos, hablan en nombre del pueblo, chúpate esa mandarina. O sea, aunque te caiga de la puta madre, ese ciudadano electo habla en tu nombre.

Sin embargo, eso es mentira. En todo caso, ellos tienen el derecho a hablar en nombre de sus votantes, quienes votaron por ellos. Pero no en nombre de quienes votaron por otros candidatos o no participaron de la elección.

En Latinoamérica, no sé en el resto del mundo, los políticos con intención, premeditación, alevosía y ventaja, han sembrado esa creencia en la psiquis de los ciudadanos. Lo siguiente es hacerles creer que sus ideas particulares y partidistas son las mismas que los ciudadanos tienen en forma individual y particular.

Es por eso por lo que nuestras leyes, en la actualidad, funcionan como medios de opresión social más que como medios para fomentar la equidad social.

Ahora, abordemos el significado oculto detrás del uso excesivo de la palabra: PUEBLO. Yo soy un ciudadano con derechos como todos los demás ciudadanos en nuestra nación y las diversas naciones en el mundo. Sin embargo, no soy el pueblo, solo soy una parte insignificante del mismo.

Como individuo no soy el pueblo, como colectivo cuando un político habla en nombre del pueblo me incluye, aunque no esté de acuerdo con alguna de las políticas de este.

Por ello es por lo que nuestros políticos pueden violar los derechos de los ciudadanos y al hacerlo decir que lo hacen por el PUEBLO. Siempre habrá un ciudadano que este a favor de sus actos y con su apoyo individual los mandatarios se jactan de tener el apoyo del pueblo.

O sea, el concepto de PUEBLO y ciudadano son manipulados en función de las necesidades que dicten las circunstancias. Un ciudadano es el pueblo si avala las decisiones del mandatario y un ciudadano no es el pueblo si eso sirve a los intereses del gobernante.

En "nombre del pueblo" es un arma política que es utilizada para violar los derechos de unos ciudadanos en nombre de otros, estos justifican esas violaciones porque se consideran beneficiarios de las disposiciones tomadas. Un ejemplo, las expropiaciones en Venezuela.

No es necesario un caso tan extremo, en esencia, todas las decisiones que emanan de las Alcaldías entran en esa categoría. Decisiones políticas que benefician a unos perjudicando a otros. En los casos menos graves, solo se trata de una inconformidad causada por decisiones que indirectamente causan una molestia, como el manejo de la basura.

Una familia tira su basura en un desagüe de lluvia y durante el invierno se tapa causando inundación. ¿De quién es la culpa? La respuesta fácil, el alcalde, pero todos los ciudadanos al tanto de este hecho lo son. La respuesta de los políticos es simple: más dinero para la limpieza de las cañerías. ¿Solucionará esto el que los ciudadanos hagan un mal manejo de sus desechos?

Hay ejemplos mucho más perniciosos de parte y parte, pero la idea no es entrar en polémica, sino el buscar alternativas.

- Democracia Ciudadana:

El principio fundamental de mi propuesta es responsabilizar a los ciudadanos por sus actos, al tiempo que le otorgamos más participación en los asuntos públicos.

Nuestro sistema político está diseñado de la siguiente forma:

1. Poder ejecutivo.
2. Poder legislativo

3. Poder judicial

Los primeros dos, El ejecutivo y el legislativo, son de elección directa a través del sufragio que todos conocemos. El tercero está condicionado a la decisión del legislativo.

Estoy de acuerdo con los detractores de este modelo en los términos de que se hace difícil impartir justicia cuando son los diputados, que dan los cargos, de quienes se sospecha han incurrido en ilícitos.

Muchos ciudadanos consideran que nuestras leyes favorecen la impunidad en quienes ostentan cargos de elección popular. El elegir a los jueces por elección directa, sin embargo, no es una decisión coherente. Porque incrementamos la influencia de sectores político partidistas sobre la nación y sus ciudadanos.

Mi propuesta es crear un cuarto poder, no simbólico como lo fueron los medios informativos en el siglo XX, sino real. El poder ciudadano.

1. Poder ciudadano.

La elección del poder ejecutivo y legislativo se realiza a través de la militancia en partidos políticos y el sufragio universal y secreto. Propongo elegir al poder ciudadano a través del voto ciudadano directo y público, de forma apartidista.

Como los consejos comunales en Venezuela, pero de acción directa en los asuntos públicos en lo nacional, regional y municipal.

En el caso de El Salvador seria de competencia nacional, departamental y municipal.

¿Cómo funcionaría?

Lo principal, no pertenecer a partido político alguno al menos en los diez años previos a su elección. Se requeriría una declaración jurada y pública de no pertenencia a partido político alguno en el periodo señalado, en el caso de que aplicase, también se requeriría una carta de renuncia publica a la militancia antes señalada.

Tampoco se debería tener parientes en segundo grado de afinidad y tercero de consanguinidad en cargos de elección popular partidista y en primer grado en elección apartidista concursando para puestos, al mismo tiempo.

Eso significa que dos ciudadanos, hermanos, por ejemplo, no podrían ser electos al poder ciudadano en diferentes colonias. Con el fin de garantizar al máximo la participación de todos los ciudadanos.

Antes de continuar, cambiaría la duración de los cargos. Todos tendrían una duración de 10 años. Con elecciones intermedias entre cada poder. Significa que tendríamos una elección cada 3 años, aproximadamente, pero de solo uno de los poderes.

El motivo es que cada elección representa un gasto económico para los ciudadanos, además, las elecciones repetitivas y cercanas de cada componente impide que los ciudadanos puedan tener una continuidad efectiva de las obras y que las mismas puedan llegar a buen término. En ese sentido, el poder ciudadano tendría como norte el garantizar la continuidad de las obras a pesar de los intereses partidistas que dominen.

Un ejemplo lo podemos observar en las últimas elecciones en México en donde López Obrador cancelo una obra en la que ya se habían invertido varios millones de dólares de los contribuyentes prometiendo gastar otros tantos millones del dinero de los contribuyentes para otros aeropuertos.

El cementerio de obras de la llamada cuarta república en Venezuela, palidece ante el cementerio dejado por la "quinta", en cada cambio de ministros y de planes estratégicos, o como los llamo Chávez: "Motores". El actual presidente de Estados Unidos hace lo propio con su predecesor que a su vez lo hizo con quien lo precedió.

¿Quién manda en nuestras naciones? ¿Nosotros? o los caprichos de cada gobernante.

Quedamos en mandatos de una década con un máximo de dos décadas para el derecho a cargos de elección popular partidista. Esto para garantizar el derecho de otros ciudadanos a participar políticamente, relevo generacional.

Eso significa que un candidato podría postularse y ganar una Alcaldía, gobernar diez años y postularse luego para diputado o presidente, como lo hizo el actual presidente de El Salvador, pero al terminar ese segundo periodo ya no podría hacerlo para un tercero en cargos de elección partidista. Solo podría hacerlo en cargos apartidistas, después de renunciar a su partido y esperar diez años, para poder postularse como representante ciudadano de la colonia en donde tenga fijada su residencia en ese momento.

✓ Método de elección:

Aunque no lo creas existe un precedente histórico para este tipo de elección. Cuando se creó la nación americana y la democracia, como la conocemos hoy, no existían los avances tecnológicos a los que vemos como normales, hoy por hoy. En esos tiempos para comunicarse había que realizar viajes prolongados y por tiempos indefinidos.

En esos días, las colonias que dieron forma a lo que hoy es Estados Unidos, tenían que nombrar representantes que viajaban, en nombre de estos, para representarlos en las reuniones que dieron forma a lo que es la constitución de Estados Unidos.

Cuando vemos la elección de Estados Unidos, escuchamos que hablan del voto directo e indirecto y de que, en ocasiones, un candidato gana el voto directo, pero pierde la elección porque pierde el indirecto.

Esto se debe a que los ciudadanos, antes de la tecnología que existe hoy, votaban por su representante el cual viajaba hasta la capital para ahí elegir al presidente. En esa época, el ciudadano elegía un representante que luego elegía al presidente. Hoy, en Estados Unidos, ya sabes por quien va a votar el representante, así que este no representa a los ciudadanos, sino al candidato.

Mi propuesta es que cada comunidad o colonia, como sería el caso de El Salvador, elija a un ciudadano para que los represente en la cámara de ciudadanos. Después de que los candidatos presentasen sus nominaciones y que el consejo electoral certificara que son elegibles.

En asamblea de ciudadanos y a través del voto directo y público, se elegiría al representante no sin antes un pronunciamiento de cada candidato en su favor para motivar a los asistentes a que lo elijan.

Sin campañas políticas, sin gastos excesivos de los recursos de los contribuyentes.

✓ Funciones:

Te estás preguntando: Pero ¿Es un montón de gente? Ahora te explico, aunque seguramente se necesitara más análisis para cuando termine.

1. Funciones Municipales:

Cada representante ciudadano tendría derecho a voz y voto en los concejos municipales. Por lo tanto, no se necesitarían suplentes para los cargos de elección partidista ya que los de elección apartidista garantizarán la participación pluralista.

Sus funciones estarían más orientadas a la contraloría social con el fin de garantizar la transparencia en la gestión pública. Además, en lo referente a las dificultades dentro de sus colonias, permitiría a la ciudadanía llegar a acuerdos entre estos y las autoridades.

Aunque su presencia no sería obligatoria, seria deber de la Alcaldía notificar con tiempo suficiente a los representantes ciudadanos de la agenda del Concejo para garantizar su presencia, así como de la temática de las diversas reuniones.

Al menos un ciudadano, miembro del poder ciudadano, en elección aleatoria por el consejo electoral, en un periodo anual, deberá ser miembro permanente de asistencia obligatoria al Consejo Municipal, y asistir a todo acto público que ejecute la Alcaldía, esto le obligaría a rendir informes de todo aquello a lo que asistiera y compartirlo con los demás miembros.

Este representante si estará en nómina del estado. Para el resto de representantes la ley garantizara el que puedan tener sus respectivas licencias laborales, sin menoscabo a sus ingresos comprobables, para que puedan asistir a las reuniones generales de la Alcaldía.

2. Funciones departamentales:

De igual manera, el consejo electoral elegirá de forma aleatoria, entre los electos para el poder ciudadano, en cada municipio, excluyendo a quien tuviese responsabilidades en el municipio, a un ciudadano que se reunirá con las autoridades departamentales para coordinar los esfuerzos dentro del territorio y sus municipios en aras de potencializar el desarrollo de las regiones.

3. Funciones nacionales:

Muchas manos hecha a perder el "guiso", es un refrán popular que en este caso lo uso para señalar que el objetivo de la aleatoriedad es evitar que un ciudadano pueda ponerse de acuerdo con otros individuos electos para orientar las decisiones en su favor.

- Comisión ciudadana permanente

De los que han sido elegidos para el periodo anual para funciones en los departamentos, de forma rotativa y aleatoria, bimensual, cada departamento enviara a la capital a uno de estos voceros que participara, con derecho a voz y voto, de todas las reuniones generales de la asamblea nacional. Además, en forma aleatoria, uno de sus miembros asistirá a las reuniones de consejo de ministros y los demás repartidos en las comisiones de trabajo que tenga la asamblea, siempre de forma aleatoria. Tendrán derecho a voz, se harán las salvedades de los secretos de estado que dicte la ley, y deberán rendir informes disponibles para el resto de miembros.

- Comisiones transitorias:

Un representante de cada Municipio será convocado, de forma aleatoria y excluyendo a los que tengan las funciones permanentes asignadas, antes mencionadas, para la elección de los cargos de elección indirecta. La asamblea nacional verificará la elegibilidad de los candidatos, pero la decisión y entrevistas serán dirigidas por estos ciudadanos. En un periodo que no deberá exceder una semana. A su vez, no se harán estas elecciones en los mismos años en que hubiese una elección de primer grado.

- Otras funciones:

En caso de crímenes comunes, será la comisión permanente la que evaluara la suspensión del fuero para miembros del ejecutivo y legislativo, viceversa la asamblea será quien vera por la suspensión del fuero de la comisión u otro miembro de la cámara de ciudadanos con funciones permanentes asignadas.

En los casos de crímenes contra la nación, solo se incluirá a la comisión permanente en la toma de decisión de la forma en que lo indica la función de la comisión antes mencionada.

Se esperaría que las ONGs sociales y de derechos humanos busquen un acercamiento a la cámara de ciudadanos, antes que a la asamblea, para buscar un entendimiento que permita una, progresiva, mejor convivencia ciudadana e igualdad social y jurídica. Bajo la política de: acordar es mejor que imponer.

Presentar, ante la ciudadanía, informes sobre la eficacia real de las leyes que son aprobadas por la asamblea y sus posibles mejoras para ser consideradas por los ciudadanos. Además, se esperarían iguales informes para los actos y obras de la presidencia.

Otra crítica a las instituciones elegidas por el sufragio directo y partidista, es el gasto en la contratación de personal bajo la figura de asesores. Pues la contratación de asesores para Alcaldías, gobernaciones, presidencia y la asamblea nacional seria competencia de la cámara de ciudadanos en cada uno de los sectores correspondientes.

En otras palabras, contratar y despedir personal dejaría de ser una atribución libre de las autoridades electas. El personal de confianza, deberá definirse muy bien, además, para los cargos de ministros y otros puestos de "confianza", el grado académico en un área relacionada a la que serían sus funciones, seria obligatorio, así como los grados académicos para los asesores que se postulen.

Los ciudadanos se quejan de personal fantasma en las instituciones, esto ocurre porque los políticos tienen la atribución de contratar personal sin que se tenga conocimiento de que una plaza exista. Como lo demostró nuestro presidente, salvadoreño, en medio de la crisis del covid-19, al contratar a todos los jóvenes que fueron voluntarios durante la crisis, para cargos que le ordenó a sus ministros crear.

¿Estás de acuerdo con que nuestros gobernantes contraten, libremente, personal para cargos que no son necesarios?

- Presupuesto:

No espero que estos ciudadanos manejen presupuesto, sin embargo, es necesario que la asamblea nacional y el ejecutivo dispongan un presupuesto que les permita funcionar con propiedad.

Considero que es un error el que sea el ejecutivo quien, finalmente, determine la asignación de recursos a su criterio personal. Cada órgano del gobierno debería recibir los recursos que le corresponden sin que un tercero intervenga, de esa forma, estos últimos, no podrían alegar la intervención de ese tercer organismo como medio para dispensarse a la hora de rendir cuentas.

Lo que si es necesario es la auditoría eficiente y neutral de los recursos que cada institución recibe. En El Salvador, en estos momentos, el ejecutivo tiene meses de retraso en la entrega de recursos a las Alcaldías, FODES, su principal alegato es que no hay dinero. Sin embargo, como Chávez en sus mejores días, cada vez que habla en televisión es para otorgar recursos a sus proyectos.

Los que son beneficiarios de esos recursos lo aplauden con bramura elocuente, como lo hicieron y aun lo hacen muchos venezolanos al mentado *Daddy*, pero la gran duda sigue en el aire:

¿Es correcto aceptar que una institución político partidista tenga la displicencia de actuar, según su conveniencia, en contra del marco legal establecido?

En la psiquis de los ciudadanos, aparentemente, sí. Años después se quejan de los resultados y buscan a otra institución político partidista a la cual otorgarle esos privilegios.

En lo que respecta a la cámara de ciudadanos, el presupuesto mencionado estaría dirigido a pagar un sueldo mínimo a quienes tengan una función permanente asignada, dos sueldos mínimos para los que pertenezcan a la comisión nacional permanente, adicionalmente, como estos últimos deben trasladarse a la capital sería necesario adecuar la sede de la asamblea nacional para que cuente con comedores y dormitorios para el máximo de miembros que estarían presentes en un momento dado para los actos que correspondan. También se debería compensar el día laboral perdido a los miembros que lo ameritasen, según su presencia sea requerida por la nación.

Al no tener derecho a manejar un presupuesto propio, la cámara de ciudadanos estaría libre de actuar, bajo criterios aleatorios, como miembro de cualquier cicies u organismo contralor que lo amerite, incluyendo la revisión de sus memorias y cuentas, nacional y localmente.

LA ILUSIÓN DE LA ELECCIÓN

Finalmente, la meta de esta propuesta es evitar, en la medida de lo posible, que los ciudadanos caigan en la ilusión de la participación y la ilusión de elección.

✓ Una elección no hace una democracia.

Lamento tener que volver a mencionar a la República democrática de los Cocos, perdón, de Corea del Norte. Pero, es un claro ejemplo de lo que estoy diciendo. Los ciudadanos, periódicamente, participan en unas elecciones, pero eso no significa que viven en una democracia y mucho menos que sean libres de determinar su futuro político por sí mismos.

Tenía alrededor de veintidos años cuando me di cuenta de un hecho que aprovecharé para ilustrar la realidad de nuestra democracia.

En Venezuela empezaron a entrar nuevas marcas de detergente mucho más económicas que los que ya estaban en el mercado. Entonces, era común escuchar la comparación entre diversas marcas.

Las marcas líderes en el mercado venezolano, en esos días, eran Ariel y Ace. Por curiosidad me puse a comparar las marcas.

¿Sabes que descubrí?

Ambas pertenecían a la corporación Portect & Gamblet, y no eran las únicas, puedo aseverar que, al menos, el 80 % de las marcas de detergentes favoritas de los venezolanos, en esos días, pertenecían a empresas de la corporación Protect & Gamblet.

La cosa no para ahí, en comercio puedes encontrar ejemplos comunes en la que los consumidores son rivales por el uso de marcas que pertenecen al mismo consorcio o corporación.

Y no solo en productos de uso masivo, la revista *Shonen* Jump de Japón publicaba One Piece y Naruto Shippuden y los fans de estas series, al menos en Latinoamérica, eran rivales aunque sus creadores trabajaban en el mismo edificio y era común que al final de la jornada compartieran como buenos amigos.

¿Qué creen?

El socialismo del siglo XXI o, al menos, la versión castro-chavista ha edificado una versión política de esta tendencia social. Hoy en día, es más evidente que en los tiempos de Chávez debido a que su popularidad avasallante hacia que sus verdaderos rivales brillaran mientras sus partidos laterales permanecían, moderadamente, ocultos.

En el año 2005, en las elecciones parlamentarias, los partidos opositores a Chávez decidieron, equivocadamente, para mi juicio, no presentarse a la contienda electoral por considerarla amañada.

Los partidos restantes, casi en su totalidad, apoyaron a Chávez en la elección presidencial del año siguiente. Esa es una forma en que la ilusión de la elección se manifiesta o, al menos, puede ser evidenciada por los hechos.

Realmente, ¿Eres capaz de elegir libremente?

Puede que los partidos políticos estén tratando de engañarte al hacerte creer que puedes elegir a tus representantes cuando son ellos quienes lo están haciendo. Pero, el mayor engaño en el que caes, es en creer que al hacer lo mismo que hiciste elecciones pasadas, puedes arrojar un resultado político diferente.

¿Qué es?

Votar masivamente a favor de un partido político para darle un poder mayoritario sobre la nación. Ese partido consolida con la presidencia y la mayoría parlamentaria un poder absoluto sobre las finanzas del estado.

Nuestras democracias hacen eso, al tener la mayoría en ambas instituciones, también tiene el control de la justicia en el país.

¿Crees, con absoluta certeza, que un juez o un fiscal se alzarían contra el que le dio el trabajo, o sea, su patroncito?

Con la cámara de representantes propongo que ese vínculo cuasi "patronal" desaparezca para que la justicia vuelva a ser ciega y deje de ser sorda.

✓ La ilusión de la participación:

Asistir a reuniones está muy lejos de participar en ellas. Tuve la responsabilidad de ser parte de los consejos comunales en Venezuela, el espíritu que les dio vida permitía a los ciudadanos participar. Pero, una cosa es lo que dice la ley y otra lo que se hace en la praxis, si eres venezolano y lees esto, hazme un favor.

Ve con los políticos que nos presentaron a la elección del 2005 y que después le dijeron a los ciudadanos que no participaran en los mencionados consejos comunales, que esos son los errores que tienen a Venezuela en donde está ahora.

En ese periodo fue cuando el Chavismo enredó a la población en la creencia de que ellos participaban, aunque lo único que hacían era pelear con sus vecinos por las migajas de los presupuestos de las obras. Unos porque querían quedárselas y otros porque querían que se usaran con eficacia.

Es por mi experiencia personal que, en mi propuesta, los miembros de la cámara de ciudadanos no deben administrar presupuesto propio. Sin presupuesto que manejar, no hay tentación que los distraiga de su trabajo:

1. Velar porque el presupuesto se emplee correctamente.
2. Asegurarse que las leyes resuelvan los problemas sociales que pretenden atender.
3. Evitan que un partido político manipule las leyes aprovechándose de contar con la mayoría en el senado, o

asamblea según el caso, y la presidencia. Valido para un presidente que quiera aprovecharse a su favor de esto mismo.

Para asegurarnos de que los ciudadanos participen y no resulten ser meros espectadores de la cosa pública, propongo sustituir el verso y la prosa del *pensum* de lenguaje de los últimos dos años de educación media, o secundaria, por oratoria, fomentándola a través de concursos de oratoria.

✓ El miedo a hablar es enemigo de participar.
✓

RESUMEN

1. Crear un cuarto poder sin afinidades político partidistas, a que llamaremos: PODER CIUDADANO.
2. La cámara de ciudadanos será elegida de forma directa por cada comunidad.
3. Del total de comunidades se elegirán de forma aleatoria para tiempo parcial a la duración del periodo efectivo en el que tengan derecho estos ciudadanos a un miembro permanente para actuar en los asuntos municipales sin menoscabo del derecho de los demás miembros en el municipio a asistir a las reuniones del concejo municipal con derecho a voz y voto.
4. Se elegirá aleatoriamente a un representante, de entre los elegidos por las comunidades y excluyendo al que tenga responsabilidades permanentes asignadas por municipio, para las relaciones interdepartamentales.
5. De los electos, por cada municipio, en las labores departamentales se elegirá aleatoriamente a un ciudadano

para pertenecer a la comisión ciudadana permanente que participara de las reuniones de la asamblea con derecho a voz y voto, además de participar en los comités de trabajos de la asamblea y las reuniones del consejo de ministros de forma aleatoria.

6. De todos los municipios se elegirá a un ciudadano de los representantes electos de cada comunidad, excluyendo a quienes tengan responsabilidades permanentes, para en un periodo no mayor de una semana elijan a las autoridades de los cargos de elección secundaria como jueces y fiscales. Previa certificación de contar con las credenciales por parte de la asamblea.

7. Bridar las garantías ciudadanas en los procesos de contraloría que se ejerzan en la nación, siempre de forma aleatoria.

8. Informar sobre la eficacia de la aplicación de las leyes, en lo referente a la solución que se espera otorguen a la ciudadanía.

9. Proponer mejoras a las leyes, que salgan de ellos o de los ciudadanos a quienes representan.

10. Mientras los funcionarios representan al pueblo, los representantes del poder ciudadano, representa a los ciudadanos y en conformidad con las leyes, velar porque en aras del pueblo no se violen los derechos de los ciudadanos. El bienestar de la mayoría no debe perjudicar a las minorías bajo ninguna excusa, sea, política, económica, educativa, cultural, religiosa, racial o sexual, y cualquier otra que se pueda alegar con ese fin.

11. Aplicar reformas educativas que faciliten la participación de los ciudadanos e impidan su intimidación por otras fuerzas sociales.

La democracia ciudadana no es un modelo político, aun, pero si suficientes ciudadanos aportamos en una discusión sana y con espíritu de colaboración, podremos construir una mejor democracia.

Una democracia en la que los ciudadanos participemos activamente, sin militar bajo las ordenes de los caciques de los partidos políticos.

Antes de concluir, todo lo escrito en mi propuesta es mejorable, por ejemplo ahora que termino esta disertación, pienso que debe ser anual la elección de miembros de la cámara de ciudadanos.

¿Cómo crees que podríamos mejorar esta propuesta hasta tener un modelo político definido?

CONCLUSIONES

Escribí esta disertación con la esperanza de llegar a una audiencia que sea capaz de replicarla a otros ciudadanos y hacer peso para lograr una reforma que nos permita rescatar nuestras democracias y escapar de este modo, del mundo oscuropoliano al que nos llevan nuestros "lideres" políticos.

Si no hacemos un cambio real en esta década, Latinoamérica estará repleta de regímenes totalitarios y neomonárquicos que, como en Corea del Norte y naciones parecidas, llevaran en su nombre la palabra: democráticas, y habrán elecciones, pero sus ciudadanos carecerán de todo derecho social, político, económico e incluso humano, verdadero real y percibirle.

Sé que muchos ya se han dado cuenta de que concentrar el poder en un partido político es el problema que fomenta la corrupción y la impunidad, en nuestra sociedad, a la vez que premia el servilismo en quienes rodean a los líderes electos.

¿Cuál es, tú propuesta, para solucionar los problemas sociales?

¿Cómo podemos, los ciudadanos, saltar las barreras burocráticas que nos obligan a delegar, en terceros, nuestros derechos políticos, llámense ong´s o partidos políticos?

HEROES O VILLANOS

Termine de escribir y deje este tema por fuera, los roles sociales de los ciudadanos en la lucha política, social y económica.

¿Conoces a un político que se vea a sí mismo como el villano?

Yo no, todos se ven y se venden como los héroes que vienen a luchar contra las injusticias, aunque el enriquecerse no este de más.

El síndrome de Robin Hood, en resumen, todos los políticos son ególatras incapaces de ver sus defectos, pero que sin límites a su imaginación ven los defectos de sus rivales como Sheldon Copper o, inclusive, Thanos que quería acabar con la mitad del universo viviente para salvar a la otra mitad.

Todos los políticos, al igual que estos personajes de la ficción, con elocuencia señalan los defectos de sus rivales para capitalizarlos a su favor.

Robin Hood le daba a los pobres, a los pobres de sus familiares y los familiares de sus aliados, eso no lo hace villano, pero si pone en contexto las proezas heroicas con las que crecimos.

Será en otra disertación que ahondemos en esta, por lo demás, muy interesante realidad. Por ahora medita esto:

¿Eres un héroe o heroína, o un villano o villana?

¿Te sientes mejor en el papel de Vistimo o vistima?